W0340846

**Einfach japanisch kochen**

Harumi Kurihara

DORLING KINDERSLEY
London, New York, Melbourne, München und Delhi

Text Harumi Kurihara und Sue Hudson
Lektorat Akiko Sakaguchi (Japan)
Übersetzung Tomoko Miyakoda
Projektkoordination Sue Hudson, Akiko Sakaguchi und Tomoko Miyakoda

Programmleitung Lorraine Dickey
Lektorat Sybella Marlow, Shirley Booth
Grafik Jonathan Christie
Original-Design Mark Thomson
Herstellung Jane Rogers
Bildrecherche Hanako Itahashi und Miho Yoshinari
Dank an Yutaka Seino und Nobuko Suzuki

Alle Rezepte sind zuerst in *Fusosha's Kurihara Harumi's Suteki Recipe* in Japan erschienen.

Für die deutsche Ausgabe
Programmleitung Monika Schlitzer
Projektbetreuung Nicola Aschenbrenner
Herstellungsleitung Dorothee Whittaker
Herstellung Petra Kühner

Bibliografische Information Der Deutschen Bibliothek
Die Deutsche Bibliothek verzeichnet diese Publikation in der Deutschen Nationalbibliografie; detaillierte bibliografische Daten sind im Internet über http://dnb.ddb.de abrufbar.

Titel der englischen Originalausgabe:
Harumi's Japanese Home Cooking

Rezepte © Harumi Kurihara
Text © Harumi Kurihara und FCI London 2006
Fotos © Fusosha Inc.

Der Originaltitel erschien 2006 in Großbritannien bei Conran Octopus Limited, Octopus Publishing Group, London

The moral right of the author has been asserted.

Alle Rechte vorbehalten. Jegliche – auch auszugsweise – Verwertung, Wiedergabe, Vervielfältigung oder Speicherung, ob elektronisch, mechanisch, durch Fotokopie oder Aufzeichnung bedarf der vorherigen schriftlichen Genehmigung durch den Verlag.

© der deutschsprachigen Ausgabe by Dorling Kindersley Verlag GmbH, München, 2007

Alle deutschsprachigen Rechte vorbehalten

Übersetzung Martin Waller, Werkstatt München
Redaktion Adelheid Schmidt-Thomé
Satz Roman Bold & Black, Köln

ISBN 978-3-8310-1101-8

Druck und Bindung Firmengruppe APPL, aprinta druck, Wemding

Besuchen Sie uns im Internet
www.dk.com

Bildnachweis
**Lisa Linder** S. 5, 8, 12, 13, 14, 15, 17, 152
**Takeharu Hioki** S. 72, 90, 91, 99, 134, 135
**Takahiro Imashimizu** S. 13, 42, 46, 56, 57, 58, 59, 92, 110, 112, 115, 116, 117, 157
**Masao Kudo** S. 14, 16, 18, 20, 34, 35, 36, 38, 39, 41, 47, 48, 49, 62, 66, 67, 76, 77, 80, 81, 84, 85, 86, 87, 91, 107, 108, 120, 121, 124, 125, 126, 127, 129, 136, 137, 143, 144, 145, 146, 147, 155
**Teruaki Nagamine** S. 26, 27, 98
**Hiroyasu Nakano** S. 18, 25, 60, 88, 90, 91, 130, 131, 140, 148, 152, 153, 154, 157
**Kazuaki Nakazato** S. 24, 45, 60, 63, 70, 71, 100, 101, 106, 118, 119
**Takeshi Noguchi** S. 68, 69, 88, 110, 149
**Akio Takeuchi** S. 2, 11, 19, 21, 23, 28, 29, 30, 31, 33, 40, 43, 50, 51, 52, 53, 54, 55, 61, 64, 65, 73, 75, 78, 79, 82, 83, 89, 93, 95, 96, 102, 103, 104, 105, 109, 111, 114, 122, 123, 128, 132, 133, 138, 139, 142, 147, 148, 151, 152, 155, 156

Umschlagfotos
vorne: Lisa Linder
hinten: Kazuaki Nakazato
Klappe vorne: Masao Kudo

Anmerkung
1 EL = 15 ml
1 TL = 5 ml
Temperaturen von Backöfen können je nach Größe und Typ des Ofens variieren.

# Einfach japanisch kochen

Harumi Kurihara

»Ich hoffe, dass ich Menschen helfen konnte, die wahre Freude und Kreativität zu entdecken, die im Kochen und im Essen liegen.«

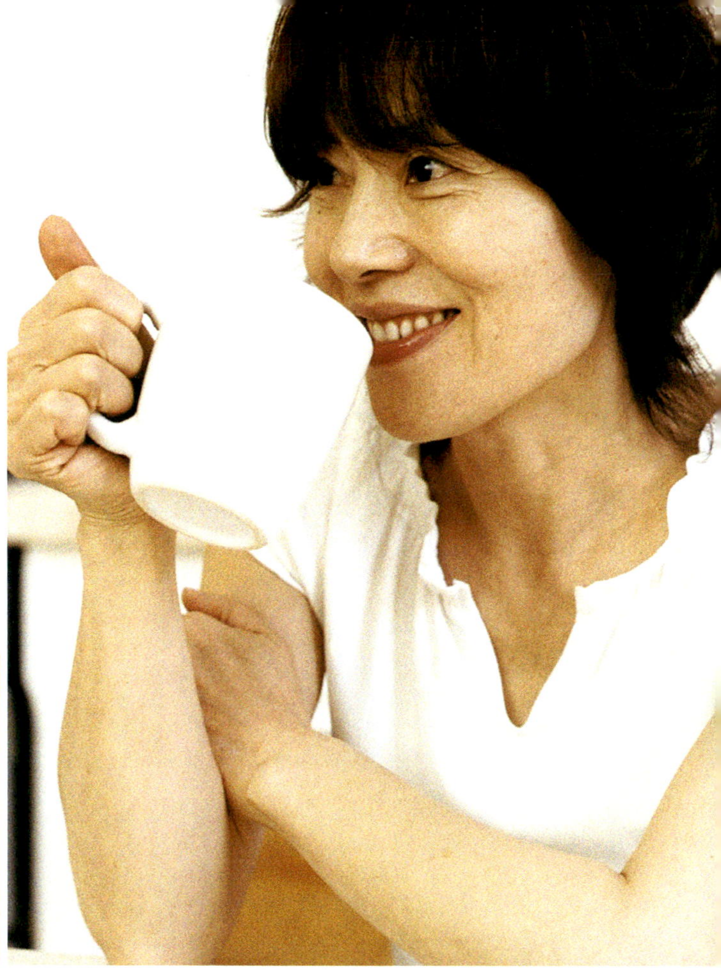

# Inhalt


Einführung 8

Japanische Küchengeräte 12

Suppen, Eier & Tofu 18

Misosuppe mit Tofu und Wakame-Seetang Miso Shiru 20

Misosuppe mit Aubergine 21

Misosuppe mit Wakame-Seetang und Kartoffeln 22

Misosuppe mit Schweinefleisch Tonjiru 24

Möhren-Miso-Suppe 25

Gedämpfter Eierstich mit Pilzen Kinoko no Chawan Mushi 26

Klare Suppe mit Wan Tan, gefüllt mit Schweinefleisch und Spinat 28

Klare Suppe mit Frühlingsgemüse-Julienne 30

Mini-Omelett auf japanische Art 32

Harumis Sojasauce für alle Anlässe 33

Süße Eier-Rolle Tamago Yaki 34

Tofu mit Ricotta 36

Auberginengratin mit Tofu und Miso-Sauce 38

Tofu mit Edamame-Bohnen und Pickles 40

Tofu mit würzigem Rindfleisch Mabo Dofu 41

Reis & Nudeln 42

Kleines Donburi mit Thunfisch und Avocado 44

Gemischter Reis mit Paprika und Krebsfleisch 46

Reis mit Lachskaviar und Lachsflocken 47

Reis mit grünen Erbsen 48

Meerbrasse auf Reis 51

Sukiyaki-Donburi 52

Donburi mit Hähnchenhackfleisch 53

Japanisches Risotto mit grünem Tee Ochazuke 54

Kalte Nudeln mit Schweinefleisch 55

Harumis Soba Chirashi 56

Selbstgemachte Udon 58

Fleisch & Geflügel 60

Ingwer-Schweinefleisch Buta no Shoga Yaki 62

Salat mit Ingwer-Schweinefleisch Buta no Shoga Yaki Salat 63

Schweinefleisch mit aromatischem Gemüse 64

Paniertes Schweinefleisch Tonkatsu 66

Hähnchenspieße Yakitori 68

Teigtaschen auf chinesische Art Gyoza 70

Hähnchen Pari Pari 72

Hähnchensalat mit grünen Bohnen 73

Hähnchenfleisch mit Soja-Balsamico-Dressing 74

Teriyaki-Hamburger 76

Geflügelhäppchen in Sesamhülle 78

Teriyaki-Hähnchen 81

Kurz gebratenes Steak
mit zwei japanischen Dressings 82

Frittiertes Hähnchen
mit Frühlingszwiebelsauce 84

Kartoffel-Fleisch-Eintopf Nikujaga 85

Rindfleisch-Kartoffel-Kroketten 86

Kroketten-Pastete 87

## Fisch & Meeresfrüchte 88

Sashimi 91

Thunfisch-Sashimi in Misodressing 92

Harumis Thunfisch-Tataki-Salat 93

Top Sushi 94

Gegrillte aromatische Makrele 97

Riesengarnelen in Chilisauce Ebi Chilisauce 98

Kalmarsalat auf japanische Art 99

Eingelegte Makrele
auf japanische Art Shime Saba 101

Makrelenflocken mit Gemüse
Saba Soboro 102

Tintenfisch-Appetizer auf japanische Art 104

Sardinen mit eingelegten Pflaumen 105

Pochierte Rotbrasse 106

Gegrillter Lachs im Yuan-Stil
Sake no Yuan Yaki 108

Kabeljaurogen mit Nudeln 109

## Gemüse 110

Zwei Arten Mini-Tempura Mini Kakiage 112

Rettich und Möhren mit koreanischem Dressing
Daikon to Ninjin no Namuru 114

Sautierte Bohnensprossen mit Pak choi 115

Salat aus Auberginen und Harusame-Nudeln 117

Gemischter Salat mit Sesamdressing 118

Japanischer Kartoffelsalat 120

Warmer Kohlsalat 122

Apfel-Radieschen-Salat mit Miso-Mayonnaise 123

Aubergine auf Dengaku-Art 125

Japanische Pickles Tsukemono 126

## Desserts & Getränke 128

Weißer Schokoladenkuchen 130

Harumis Käsekuchen 132

Reisklößchen mit Mangosauce
Mangosauce no Shiratama 133

Gebackene Papaya mit Kokosmilch 134

Grüntee-Eis Macha Eis 137

Getränke 138

## Bento 140

## Menüplanung 148

## Glossar 158

## Zutatenregister 160

# Bitte nennen Sie mich Harumi …

Seit mein Buch Harumis *Japanische Küche* erschienen ist, hat sich mein Leben sehr verändert. Ich habe in vielen Ländern über japanisches Essen gesprochen und versucht zu zeigen, wie einfach es sich auch außerhalb Japans zubereiten lässt. Vielleicht tragen meine Rezepte ja dazu bei, Brücken zwischen Japan und dem Rest der Welt zu bauen.

Der internationale Erfolg hat mich auch in meinem Entschluss bestärkt, mein Englisch zu verbessern. Wie viele andere Japaner habe ich zwar in der Schule Englisch gelernt, aber kaum je Gelegenheit gehabt, es anzuwenden. Das hat sich alles geändert, also muss auch ich mich ändern.

Seit kurzem spiele ich in einer japanischen Fernsehserie über das Englischlernen mit, in der ich in verschiedenen fiktiven Situationen Englisch sprechen muss. In einer der ersten Folgen bin ich auf einer Party und muss mich den Leuten vorstellen – eine knifflige Situation schon in meiner eigenen Sprache, umso mehr auf Englisch. »Hallo, ich heiße Harumi Kurihara, aber bitte nennen Sie mich Harumi …«, ist mein Text. Es kommt mir fremd, fast ein bisschen zu intim vor, mich mit meinem Vornamen vorzustellen, aber ich weiß, dass viele Menschen in anderen Ländern sich lieber mit dem Vornamen als dem Familiennamen anreden lassen. Das gehört zum Kulturunterschied zwischen Japan und dem Rest der Welt, der das Leben so interessant macht.

In Japan spricht man mich normalerweise mit dem Nachnamen an oder man nennt mich »sensei« (Lehrer). Auch das kommt mir seltsam vor. Ich habe mich immer als ganz normale japanische Hausfrau gesehen. Wenn man mir bei meiner Hochzeit gesagt hätte, dass das meine Zukunft sei, hätte ich es nicht geglaubt. Sogar jetzt muss ich mich manchmal zwicken, um sicherzugehen, dass ich nicht träume.

Seit dem Erscheinen von *Harumis Japanische Küche* habe ich ungeheuer viel zu tun. Ich packe die Arbeit von zwei Tagen in einen und versuche trotzdem, ein einigermaßen normales Familienleben zu führen. Ich stehe früh auf, bringe ein Opfer am Familienschrein, füttere die Katzen und gieße den Garten. Danach frühstücke ich mit meinem Mann. Ich mache das Essen, er bereitet den Tee zu. Diese Zeit ist besonders wertvoll für uns.

Dass ich jetzt Kochbücher schreibe und Küchenaccassoires entwerfe, ist eher eine Folge glücklicher Zufälle als geplant. Im Grunde bin ich eine Hausfrau und Mutter, die das Glück hatte, von ihrer Familie zu jedem Schritt ermutigt zu werden. Die meisten Frauen meiner Generation haben nie außerhalb ihrer vier Wände gearbeitet; dass ich auf so viel Unterstützung stieß, war nicht selbstverständlich.

Mein Mann Reiji hat in vielerlei Hinsicht großen Einfluss auf mich. Sein Geschmack war schon immer sehr raffiniert und international, und das hat mich dazu gebracht, mich mit den Küchen anderer Länder und mit anderen Zutaten zu beschäftigen. Als er noch in der Medien-Branche arbeitete, brachte er oft Freunde zum Essen mit nach Hause. Es ergab sich, dass man mich bat, bei einer Koch-Sendung im Fernsehen mitzuwirken, die dann einen regelmäßigen Sendeplatz bekam. Koch-Kolumnen folgten, dann mein erstes Buch *Gochiso Sama ga Kikitakute* (Ich möchte hören, dass es lecker war) und das vierteljährliche Magazin *Suteki Recipes* (Schöne Rezepte), das der eigentliche Beginn meiner Arbeit war. In Japan habe ich inzwischen viele Kochbücher und Zeitschriften publiziert, mit denen ich bei meinen Lesern Kreativität und die Lust am Kochen wecken möchte.

Die meisten meiner Leser sind Frauen, denn auch im modernen Japan stehen vor allem Frauen in der Küche; aber vielleicht gefallen meine Rezepte ja auch den Männern.

Als man mir vorschlug, ein japanisches Kochbuch für den westlichen Markt zu schreiben, war ich erst nicht sicher, ob es erfolgreich sein könnte. Ich gab mir Mühe, Rezepte auszuwählen, für die kaum spezielle Zutaten nötig waren, und gab Alternativ-Zutaten an, um den Leuten den Weg zu einer anderen Art des Kochens leicht zu machen.

Auf meinen Auslandsreisen zur Promotion von *Harumis Japanische Küche* hatte ich eine Menge Spaß dabei, zu zeigen, wie man Inside-Out-Sushi-Rollen macht, und über die japanische Küche zu sprechen. Häufig fragte man mich, welche japanischen Küchengeräte ich für wesentlich hielte. Ich begriff, dass zum Kochen mehr gehört als nur die richtigen Zutaten, und auf welch ungewöhnliche Weise sich kulturelle Unterschiede zeigen.

Außer Reiskochern sind für mich die wichtigsten Utensilien: Messer, Ess- und Kochstäbchen, Reiben, japanische Auflegedeckel (Seite 16) und japanische geriffelte Mörser.

**Messer** Hocho

Japanische Messer genießen zu Recht Weltruhm. Wir haben eine lange Tradition im Schmieden von Schwertern, und diese Fähigkeiten kommen auch der Messerherstellung zugute. Manche Köche in Japan lieben ihre Messer so, als ob es Menschen wären! Sie werden staunen, wie viele verschiedene Messer es gibt und was sie kosten – manche ein Vermögen. Traditionell werden japanische Messer aus Stahl geschmiedet, diese erfordern aber recht aufwendige Pflege. Daher bevorzugen viele Köche, auch ich, inzwischen Messer aus Edelstahl.

Ich habe ziemlich viele verschiedene Messer, weil ich für eine Zutat immer das jeweils passende verwenden möchte, am häufigsten aber nehme ich ein etwa 30 cm langes Messer sowie ein kleineres Pariermesser. Was für ein Messer Sie auch benutzen, es muss sehr scharf sein, das ist ganz wichtig.

Wer schon *Harumis Japanische Küche* gelesen hat, weiß, dass ich sehr pragmatisch bin, was die Zutaten in meinen Rezepten angeht. Dafür nehme ich es sehr genau mit der Art, wie sie vorbereitet werden, besonders bei Gemüse. Wenn man in Japan kochen lernt, muss man sich mit vielen verschiedenen Schnitttechniken beschäftigen, die alle einen Einfluss darauf haben, wie eine Speise aussieht und wie sie schmeckt. Ganze Bücher wurden darüber geschrieben, welche Schnitte sich für welche Zutaten eignen. In diesem Punkt sind wir heikel.

Es gibt im Japanischen viele unterschiedliche Wörter für verschiedene Arten zu schneiden. Ich finde es sehr interessant, dass es in anderen Sprachen so wenige verschiedene Begriffe dafür gibt.

**Die wichtigsten Arten zu schneiden:**

**Mijingiri** fein gehackt (in winzige Würfel geschnitten)
**Sengiri** in schmale Streifen (Julienne) geschnitten
**Hangetsugiri** halbmondförmig geschnitten
**Koguchigiri** in feine Ringe oder Scheiben geschnitten – für Zutaten mit rundem Querschnitt wie Frühlingszwiebeln
**Nanamegiri** diagonal geschnitten
**Ichogiri** Stücke mit rundem Querschnitt, geviertelt
**Usugiri** in feine Scheiben geschnitten

Ich bin davon überzeugt, dass der Geschmack einer Zutat sich ändert, je nachdem, wie man sie schneidet. Versuchen Sie einmal, eine Zutat wie Knoblauch auf die folgenden Arten zu zerkleinern und den Unterschied im Geschmack zu erkennen: Usugiri (feine Scheiben), Sengiri (schmale Streifen), Mijingiri (fein gehackt), Tsubusu (zerdrückt), Orosu (gerieben).

Ich betone das hier so, weil das richtige Schneiden eine solche Bedeutung für die japanische Küche hat. Es wäre in Japan zum Beispiel undenkbar, Tonkatsu (Seite 66) zu essen ohne einen Berg von fein geschnittenem Kohl dabei – schnell und einfach gemacht, wenn man gelernt hat, wie. Genauso muss die Zwiebel in einem Teriyaki-Hamburger fein gehackt sein. Versuchen Sie, die Zwiebel nicht ganz bis zur Wurzel aufzuschneiden, dann wird das Ergebnis besonders fein.

**Essstäbchen und Kochstäbchen** Hashi & Saibashi

Wie schon gesagt – ich habe mir immer Gedanken darüber gemacht, welche Küchengeräte ich verwende, aber erst, als man mich danach fragte, wurde mir klar, dass in vielen Ländern die Dinge anders gemacht werden als in Japan. Kochstäbchen beispielsweise benutze ich völlig selbstverständlich, und ich finde, es gibt einfach nichts Besseres.

Kochstäbchen sind um einiges länger als normale Essstäbchen, und in jedem Haushalt sind normalerweise drei Paar gleichzeitig im Einsatz. Wie Essstäbchen wirken sie wie eine Verlängerung der eigenen Finger, deshalb kann man so genau mit ihnen arbeiten.

Sehr praktisch sind Kochstäbchen zum Beispiel beim Pfannenrühren im Wok oder beim Frittieren. Man kann mit ihnen dünn

geschnittenes Fleisch oder Fisch leichter wenden und sogar eine Pfanne auswischen, indem man Küchenpapier mit ihnen fasst. Wenn Sie sich einmal mit ihnen vertraut gemacht haben, werden Sie nicht mehr darauf verzichten wollen. Im Vergleich zu Grillzangen und Pfannenwendern brauchen sie auch wenig Platz.

Essstäbchen sind in Asien übrigens nicht überall gleich. Chinesische Stäbchen sind etwas länger als japanische und haben oft einen rechteckigen Querschnitt. Dafür sind sie vorn nicht so spitz wie die in Japan. Als Material verwenden die Japaner am liebsten lackiertes oder unbehandeltes Holz, die Chinesen Elfenbein oder Holz und die Koreaner Metall. In der äußeren Form ähneln die koreanischen Stäbchen mehr den japanischen.

Stäbchen zu halten ist nicht so schwer, wie es zunächst erscheinen mag. Ein Stäbchen wird mit dem hinteren Ende in den Zwischenraum zwischen Daumen und Zeigefinger geklemmt und liegt vorne relativ fest am Ringfinger an. Das andere wird von Daumen, Zeige- und Mittelfinger gehalten und sollte frei beweglich sein. Mit ein bisschen Übung werden Sie bald gut damit umgehen können und merken, wie natürlich es sich anfühlt. Stäbchen stellen eine engere Verbindung zum Essen her.

In Restaurants verwenden wir normalerweise Einmal-Stäbchen aus einfachem Holz, die am oberen Ende miteinander verbunden sind und zum Essen auseinandergebrochen werden. Daneben gibt es die ebenfalls sehr praktischen Servierstäbchen (Toribashi), die länger als Essstäbchen, aber kürzer als Kochstäbchen sind. Wenn Sie von einer gemeinsamen Platte etwas nehmen wollen und keine Servierstäbchen da sind, können Sie auch mit den hinteren Enden Ihrer Essstäbchen, die Sie nicht im Mund gehabt haben, zugreifen.

Es ist kein Zeichen guter Manieren, die Stäbchen im Essen zu lassen, wenn man fertig ist. Man legt sie quer über die Schale oder an den Tellerrand, aber nicht mitten hinein.

**Ingwer-Reiben** Shoga Oroshi **und andere Reiben**

Reiben in westlichen Ländern raspeln die Zutaten eher, japanische reiben sie zu einer Art Mus. Sie bestehen meist aus Keramik oder Metall, aber wenn Sie eine traditionelle Wasabi-Reibe (für japanischen grünen Meerrettich) in die Hände bekommen sollten, werden Sie sich wundern: Sie ist aus Haifischhaut hergestellt.

Reiben gibt es vor allem für Wasabi, Knoblauch, Ingwer und Daikon (weißen Rettich). Ihre Größe richtet sich nach dem Verwendungszweck. Ich stelle gern eine kleine Ingwerreibe auf den Tisch zur Selbstbedienung für alle. In japanischen Restaurants ist es üblich, zu Tempura und gegrilltem Fisch kleine Häufchen geriebenen Daikon zu servieren. Wie schon gesagt, Gemüse schmeckt anders, je nachdem, wie man es vorbereitet, und für diese Gerichte muss der Rettich gerieben sein, nicht klein gehackt.

Außerhalb Japans wird man Originalreiben nur schwer auftreiben können (in Frankreich gibt es, glaube ich, etwas Ähnliches zum Reiben von Knoblauch), aber wenn Sie eine entdecken sollten, lohnt es sich, sie zu kaufen. Sie verleihen den Zutaten einen speziellen Geschmack, der sich mit einer im Westen üblichen Reibe nicht erzielen lässt.

**Japanische Auflegedeckel** Otoshibuta

Die speziellen Deckel, die man in den Topf direkt auf das Gargut legt, bestehen traditionell aus Holz. Mit ihnen zu kochen ist eine spezielle Technik der japanischen Küche, durch die die Aromen gleichmäßiger verteilt werden. Heutzutage sind meist Abdeckungen aus Alufolie oder Pergamentpapier im Einsatz, oft mit einer Öffnung in der Mitte. Man kann sie ohne Weiteres selbst machen – einfach einen Kreis ausschneiden (Seite 85), der etwas kleiner ist als der Innendurchmesser des Topfs oder der Pfanne.

**Japanische Mörser** Suribachi

In vielen Rezepten der japanischen Küche kommt Sesam in irgendeiner Form vor, vor allem als Sauce. Normalerweise mahlen wir dafür geröstete Sesamkörner im Suribachi zu einer Paste. Die Besonderheit dieses japanischen Mörsers ist, dass seine Seiten gerillt sind. Das erhöht die Reibung und macht es erst möglich, die Körner zu einer richtigen Paste zu zerstoßen. Suribachis gibt es in verschiedenen Größen, der Stößel ist meist aus Holz.

Ich habe für meine Küchengeräteserie einen Mörser entworfen, den man auch als Servierschüssel verwenden kann. In Harumis *Japanische Küche* beispielsweise steht ein Rezept für Gemüse mit schwarzer Sesamsauce: Die Sauce wird im Suribachi gemacht und das leicht gegarte Gemüse dann hineingerührt. Das sieht nicht nur schön aus, es wird auch gleichzeitig die gesamte Sauce effektiv genutzt.

Ich hoffe, dass Sie die Herausforderung annehmen und ein paar Rezepte mithilfe einiger der beschriebenen Küchengeräte kochen. In Ihre Küche wird eine andere Stimmung einziehen, die sich auf Ihre Speisen auswirken wird. Sie bereiten etwas Leckeres zu und machen dabei die Erfahrung einer anderen Kultur – meiner Kultur, der japanischen.

# Suppen, Eier & Tofu

# Misosuppe mit Tofu und Wakame-Seetang

Miso Shiru

**Diese Suppe ist ein Klassiker, ein Standardgericht der japanischen Küche. Sie ist einfach in der Zubereitung, schmeckt köstlich und ist sehr gesund. Man kann sie zu jeder Mahlzeit servieren und sie bildet, wie auf den nächsten Seiten gezeigt wird, die Grundlage für viele andere leckere Suppen.**

FÜR 4 PERSONEN

800 ml Dashi-Brühe oder Fischfond
4 EL Awase Miso (Seite 21)
5 g getrockneter Wakame-Seetang
150 g Seidentofu
fein geschnittene Frühlingszwiebeln, zum Garnieren

**Für die Dashi-Brühe:**

1,2 l Wasser
50 g getrocknete Fischflocken (Katsuo bushi)

1 Die Dashi-Brühe oder den Fischfond in einem Topf erhitzen. Kurz bevor sie kocht, das Miso einrühren, bis es vollständig aufgelöst ist.

2 Den Wakame-Seetang einige Minuten in Wasser einweichen. Abgießen und in mundgerechte Stücke schneiden.

3 Den Tofu-Quader in einer Hand halten und in etwa 1 ½ cm große Würfel schneiden (siehe Step-Fotos). Den Tofu in die Brühe geben, danach das Wakame. Gut durchwärmen, die Suppe aber nicht kochen lassen. Mit feinen Frühlingszwiebelringen garnieren.

**Dashi-Brühe zubereiten**

Das Wasser erhitzen. Kurz bevor es kocht, die Fischflocken hineingeben und bei schwacher Hitze 1–2 Minuten köcheln lassen. Vom Herd nehmen, warten, bis die Flocken zu Boden gesunken sind, dann abseihen. Sie können die Flocken für eine schwächere Brühe ein zweites Mal verwenden. Dashi-Brühe kann man gut einfrieren.

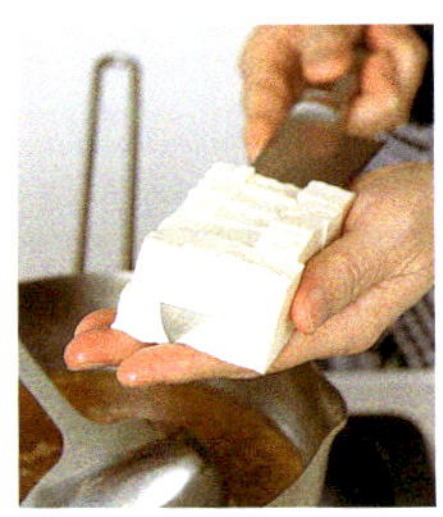

# Misosuppe mit Aubergine

**Wir lieben diese Suppe besonders im Herbst, wenn der Komatsuna Saison hat.**

FÜR 2 PERSONEN
70 g Aubergine
70 g Komatsuna-Blattkohl
oder frischer Blattspinat oder Pak choi
400 ml Dashi-Brühe oder Fischfond
2 EL Awase Miso
Chilipulver oder Shichimi Togarashi
(nach Geschmack)

**Anmerkung:**
Miso ist eine Paste aus fermentierten Sojabohnen und Reis oder Gerste. Es ist sehr gesund und in jedem Asia-Laden erhältlich, teilweise auch in Naturkostgeschäften. Es gibt drei verschiedene Arten: das dunkle, sehr salzige rote Miso (Akamiso), das weiße Miso (Shiromiso), das heller und milder ist, und eine Mischung aus beiden, das sogenannte Awase Miso, das sich für die klassische Misosuppe am besten eignet. Das Miso mit etwas heißer Brühe zu einer dünnen Paste verrühren, bevor Sie es in die Suppe geben. Kochen zerstört sein feines Aroma, achten Sie also darauf, dass die Suppe danach nicht mehr kocht.

Instant-Dashi kann statt der frisch zubereiteten Dashi-Brühe verwendet werden, wenn Sie es eilig haben oder keine Fischflocken auftreiben können.

## Harumis Tipp

All diese Suppen kann man mit dem Löffel essen, traditionell trinkt man sie in Japan aber direkt aus der Schale und isst die Stücke darin mit Essstäbchen.

**1** Die Aubergine in etwa 1 ½ cm große mundgerechte Stücke schneiden und 5 Minuten in kaltem Wasser einweichen, um die Bitterstoffe zu lösen, anschließend weich kochen. Dann abgießen und in kaltem Wasser abkühlen lassen. Erneut abgießen.

**2** Den Kohl oder Spinat in 2 cm große Stücke schneiden.

**3** Die Dashi-Brühe in einem Topf erwärmen, das Miso einrühren, bis es sich vollständig aufgelöst hat. Aubergine und Komatsuna oder Spinat dazugeben, bis kurz vor dem Siedepunkt erhitzen und mit Chilipulver oder Shichimi Togarashi bestreut servieren.

# Misosuppe mit Wakame-Seetang und Kartoffeln

**Sie können diese Suppe zu jeder Jahreszeit servieren. Sie ist eine gute Alternative zu der klassischen Miso Shiru (Seite 20).**

FÜR 4 PERSONEN
80 g neue Kartoffeln
5 g getrockneter Wakame-Seetang
800 ml Dashi-Brühe oder Fischfond
3–4 EL Awase Miso
einige Kinome-Blätter (falls verfügbar, ersatzweise fein geschnittene Frühlingszwiebeln), zum Garnieren

**1** Die Kartoffeln schälen, halbieren und die Hälften in 1 cm dicke halbrunde Scheiben schneiden.
**2** Die Kartoffeln 5–6 Minuten in Wasser einweichen, um etwas von der Stärke zu lösen, dann abgießen. Den Wakame-Seetang einweichen. Abgießen und in mundgerechte Stücke schneiden.
**3** Die Dashi-Brühe zum Kochen bringen, die Kartoffeln hineingeben und köcheln lassen, bis sie gerade gar sind. Das Miso einrühren, bis es sich vollständig aufgelöst hat. Die Suppe darf ab jetzt nicht mehr kochen.
**4** Zum Servieren in jedes Schälchen etwas Wakame geben, die heiße Misosuppe darübergießen und mit je einem Kinome-Blatt oder Frühlingszwiebeln garnieren.

## Harumis Tipp

Eine weitere Miso-Shiru-Variante ist meine Misosuppe mit Sesamaroma. Man macht sie, indem man halb so viel Sesampaste wie Miso hineingibt (z. B. 1/2 EL Sesampaste auf 1 EL Miso). Anstelle asiatischer Sesampaste können Sie auch Tahin oder sogar ungesüßte Erdnussbutter verwenden. Diese Sesam-Miso-Suppe schmeckt wirklich sehr gut, meine Familie und Freunde mögen sie ganz besonders.

# Misosuppe mit Schweinefleisch

Tonjiru

**Dieses traditionelle Gericht ist schon fast ein Eintopf – genug für ein leichtes Mittagessen. Wenn Sie Gemüsereste aufbrauchen wollen, geben Sie sie dazu.**

FÜR 4 PERSONEN
200 g dünn geschnittenes Schweinefleisch
1 EL Sake
1 TL Sojasauce
150 g Kartoffeln
300 g Seidentofu
50 g Frühlingszwiebeln
800 ml Wasser
4–5 EL Awase Miso
Chilipulver oder Shichimi Togarashi (nach Geschmack)

**1** Das Fleisch in mundgerechte Stücke schneiden. Sake und Sojasauce mischen und das Fleisch darin marinieren.
**2** Die Kartoffeln schälen und in 2–3 cm große Würfel schneiden. 5–6 Minuten in Wasser einweichen, um etwas von der Stärke zu lösen, dann abgießen.
**3** Den Tofu in 1–2 cm große Stücke schneiden, die Frühlingszwiebeln putzen und schräg in feine Ringe schneiden.
**4** Das Wasser in einem Topf zum Kochen bringen, das Fleisch hinzufügen. Allen Schaum von der Oberfläche abschöpfen, dann die Kartoffeln dazugeben und köcheln lassen, bis sie gerade gar sind.
**5** Den Tofu und die Frühlingszwiebeln in die Suppe geben. Aufkochen lassen, dann den Topf vom Herd nehmen. Das Miso hinzufügen und sorgfältig einrühren. Mit etwas Chilipulver oder Shichimi Togarashi bestreut servieren.

**Anmerkung**
Shichimi Togarashi ist eine viel verwendete Gewürzmischung aus sieben Gewürzen, darunter Sansho-Pfeffer und schwarze Sesamsamen, vor allem aber Chilipulver.

**Menü-Planung**
Diese Suppe ergibt zusammen mit Reis und Pickles ein schnelles Mittagessen. Wer es gehaltvoller möchte, kann sie z. B. mit dem gegrillten Lachs im Yuan-Stil (Seite 108) kombinieren.

# Möhren-Miso-Suppe

**Wer mich kennt, weiß, dass ich Möhren mag. Ihre warme Farbe hat es mir besonders im Winter angetan. Der Geheimtipp an diesem Rezept ist das Miso, das der Suppe einen intensiveren Geschmack und noch mehr Nährstoffe verleiht.**

FÜR 2 PERSONEN
100 g Möhren
400 ml Wasser
Hühnerbrühe (1 Brühwürfel oder 2 TL Pulver)
1 Scheibe durchwachsener Frühstücksspeck
1 EL Olivenöl
2 EL fein gehackter Staudensellerie
1/2 TL Awase Miso
Salz und Pfeffer
gehacktes Koriandergrün, zum Garnieren

1 Die Möhren schälen und in 3 cm dicke Scheiben schneiden.
2 Das Wasser mit dem zerkrümelten Brühwürfel oder dem Instant-Pulver zum Kochen bringen. Die Möhren hineingeben und einen Auflegedeckel oder ein zugeschnittenes Stück Alufolie oder Pergamentpapier (siehe Harumis Tipp) direkt darauflegen. Die Möhren bei mittlerer Hitze garen. Vom Herd nehmen, die Möhren zerdrücken und mit der Flüssigkeit verrühren.
3 Den Speck in kleine Stücke schneiden. Das Öl in einer Pfanne erhitzen und den Speck darin knusprig braten. Vom Herd nehmen und den Sellerie einmischen. Alles zur Suppe geben.
4 Die Suppe zum Kochen bringen. Den Topf vom Herd nehmen, das Miso einrühren und alles mit Salz und Pfeffer würzen.
5 Die Suppe auf Schalen verteilen, mit Koriandergrün bestreuen und servieren.

**Harumis Tipp**

Wenn Sie keinen Auflegedeckel (Otoshibuta) haben, können Sie sich einen aus Alufolie oder Pergamentpapier machen. Einfach einen Kreis ausschneiden, der etwas kleiner ist als der Innendurchmesser des Topfes (Seite 16 und 85).

# Gedämpfter Eierstich mit Pilzen

Kinoko no Chawan Mushi

**Dies ist meine einfache Version des traditionellen japanischen Eiergerichts Chawan Mushi. Normalerweise kommen auch kleine Stücke Hühnerfleisch, Garnelen und Gemüse hinein, hier sind aber kleine Nameko-Pilze genug. Auch die Sauce entspricht nicht gerade der Tradition, aber ich finde, sie passt ganz wunderbar zum Chawan Mushi.**

FÜR 4 PERSONEN

**Für den gedämpften Eierstich:**

1 TL chinesische Suppenpaste oder eine Mischung aus Hühner- und Rinderbrühe
200 ml heißes Wasser
2 Eier
100 g Nameko- oder Enoki-Pilze oder kleine Champignons, gehackt
4 EL gehackte Frühlingszwiebeln oder Schnittlauch, zum Garnieren

**Für die Sauce:**

etwas Instant-Hühnerbrühe (Pulver)
2 EL heißes Wasser
1 EL Sojasauce
1/2 EL Reisessig
1 TL Sesamöl
Chiliöl, z. B. La Yu (nach Geschmack)

**Menü-Planung**

Chawan Mushi ist eine hervorragende Beilage, die zu allen japanischen Gerichten passt, vor allem aber zu Speisen mit kräftigem Geschmack wie der pochierten Rotbrasse (Seite 106) oder dem kurz gebratenen Steak (Seite 82).

1 Für den Eierstich die Suppenpaste in dem heißen Wasser auflösen und einige Minuten abkühlen lassen. Die Eier aufschlagen, die Brühe dazugießen und beides gut verrühren. Durch ein Sieb gießen, um alle faserigen Stücke zu entfernen.

2 Die Pilze auf 4 Schalen verteilen, mit der Eimasse übergießen.

3 Zum Dämpfen etwas Wasser in einem Dämpftopf zum Kochen bringen. Die Hitze herunterschalten, die Schalen mit der Eimasse in den Topf stellen. Mit einem Geschirrtuch bedecken, einen Deckel auflegen und bei mittlerer Hitze 12–15 Minuten dämpfen, bis die Eimasse gestockt ist und sich fest anfühlt.

4 Für die Sauce die Instant-Brühe in heißem Wasser auflösen. Die anderen Zutaten dazugeben und zu einer glatten Sauce verrühren.

5 Den fertigen Eierstich aus dem Dämpftopf nehmen und jeweils mit etwas Sauce übergießen. Mit reichlich Frühlingszwiebeln oder Schnittlauch garnieren. Sofort heiß servieren.

# Klare Suppe mit Wan Tan, gefüllt mit Schweinefleisch und Spinat

**Diese Suppe hat einen stark chinesischen Einschlag. Ich serviere dazu gern andere chinesisch beeinflusste Gerichte wie gebratenen Reis oder Tofu mit würzigem Rindfleisch (Seite 41).**

FÜR 4 PERSONEN

**Für die Suppe:**

die Spitzen von 8 Hühnerflügeln
1,2 l Wasser
70 g Frühlingszwiebeln
(nur den grünen Teil verwenden)
15 g frischer Ingwer, zerstoßen
2 EL Sake
2 EL Sojasauce
1 EL Shokoshu oder trockener Sherry
Salz und Pfeffer
Koriandergrün, zum Garnieren
Chiliöl, z. B. La Yu, zum Servieren

**Für die Wan Tan (24 Stück):**

150 g frischer Blattspinat
100 g Hackfleisch vom Schwein
chinesische Suppenpaste
oder Instant-Hühnerbrühe (Würfel oder Pulver), aufgelöst in 1 EL heißem Wasser
2 TL Sesamöl
1 TL Sojasauce
1/2 TL Shokoshu oder trockener Sherry
Salz und Pfeffer
2 TL fein gehackter Ingwer
12 Wan-Tan-Teigblätter

**Anmerkung**

Shokoshu ist ein chinesischer Reiswein, der einen stärkeren Geschmack hat als der japanische Sake. Alternativ können Sie trockenen Sherry verwenden.

1 Für die Suppe die Flügelspitzen sorgfältig waschen und trockentupfen. Das Wasser in einem Topf zum Kochen bringen. Flügelspitzen, Frühlingszwiebeln, Ingwer und Sake hineingeben. Erneut zum Kochen bringen, entstehenden Schaum von der Oberfläche abschöpfen und alles 15 Minuten köcheln lassen. Die heiße Flüssigkeit durch ein Sieb in einen anderen Topf umgießen.

2 Für die Teigtaschen den Spinat in einem Topf bei starker Hitze zusammenfallen lassen, abgießen und in einer Schüssel mit kaltem Wasser einige Minuten abkühlen lassen. Wieder abgießen, überschüssiges Wasser leicht ausdrücken und den Spinat hacken.

3 In einer Schüssel das Hackfleisch, die aufgelöste chinesische Suppenpaste oder Hühnerbrühe, Sesamöl, Sojasauce, Shokoshu oder Sherry, Salz und Pfeffer mit den Händen gut vermischen. Wenn die Masse klebrig wird, den Spinat und den gehackten Ingwer untermischen.

4 Die Teigblätter halbieren. 1 kleinen Teelöffel Füllung auf ein Teigblatt setzen und das Blatt diagonal über der Füllung zuklappen. Die Teigtasche schließen, indem Sie einen Finger in Wasser tauchen und damit die Teigränder innen befeuchten, dann die Ränder zusammendrücken. Die restlichen Teigblätter auf die gleiche Weise füllen und verschließen.

5 Die Brühe wieder erhitzen. Die Teigtaschen hineingeben und 5–10 Minuten köcheln lassen. Wenn sie gar sind, Sojasauce und Shokoshu oder Sherry in die Suppe geben, mit Salz und Pfeffer würzen. Zum Schluss das Koriandergrün hinzufügen und die Wan-Tan-Suppe mit Chiliöl servieren.

# Klare Suppe mit Frühlingsgemüse-Julienne

**Traditionell verwendet man für diese Suppe japanisches Gemüse wie Udo, aber die angegebenen Alternativen sind ebenso gut. Die chinesische Suppenpaste kann hier auch durch Dashi-Brühe ersetzt werden. So oder so schmeckt die Suppe ganz köstlich.**

FÜR 4 PERSONEN

80 g Kartoffeln
50 g Möhren
100 g Udo (japanisches Wurzelgemüse) oder Spargel oder Staudensellerie
3 g getrockneter Kikurage-Pilz (nach Belieben)
25 g Seri-Kraut oder gehackte glatte Petersilie
800 ml Wasser
2 TL chinesische Suppenpaste
2 EL Sake
1 EL Kartoffel- oder Speisestärke
Salz
helle Sojasauce
Chilipulver oder Shichimi Togarashi, zum Servieren

1 Die Kartoffeln schälen und in feine Streifen schneiden. 5–6 Minuten in Wasser einweichen, um etwas Stärke zu lösen, dann trockentupfen. Die Möhren schälen und in feine Streifen von 5–6 cm Länge schneiden. Wenn Sie Udo verwenden, schälen, in feine Streifen schneiden, 5 Minuten in Wasser einweichen und trockentupfen. Spargel oder Sellerie müssen Sie nur schälen und in feine Streifen schneiden.

2 Den getrockneten Kikurage-Pilz in Wasser einweichen, dann gut abspülen. Den Stiel abschneiden, den Rest fein schneiden. Das Seri in 5–6 cm lange Stücke schneiden.

3 Das Wasser, die chinesische Suppenpaste und den Sake in einen Topf geben und zum Kochen bringen. Kartoffeln und Möhren dazugeben und köcheln lassen, bis sie gerade gar sind.

4 Die Stärke mit etwas kaltem Wasser anrühren und in die Suppe einrühren, damit sie etwas eindickt. Udo, Kikurage und Seri dazugeben. Zum Kochen bringen, mit Salz und heller Sojasauce würzen. In Suppenschalen servieren, nach Geschmack Chilipulver oder Shichimi Togarashi hinzufügen.

**Anmerkung**

Chinesische Suppenpaste schmeckt wie eine kräftige Mischung aus Hühner- und Rinderbrühe. Für diese Suppe kann aber auch Dashi-Brühe verwendet werden – einfach das Wasser durch Dashi ersetzen. Sonst ist eine gute Hühnerbrühe, gemischt mit etwas Rinderbrühe, die beste Alternative.

# Mini-Omelett auf japanische Art

**Wir Japaner haben ein Talent dafür, Speisen aus aller Welt unserem Geschmack anzupassen. Japanische Omeletts sind oft mit Reis gefüllt und werden mit Tomatensauce übergossen. In diesem Rezept verwende ich aber stattdessen eine Soja-Dashi-Mischung als Sauce.**

FÜR 2–4 PERSONEN
100 g gegartes weißes Krebsfleisch (Dose)
2 Shiitake-Pilze
3 Wakegi- oder Frühlingszwiebeln, ersatzweise Schnittlauch
Sonnenblumenöl, zum Braten
300 g gegarter Reis
etwas Instant-Hühnerbrühe (Pulver)
1 TL Harumis Sojasauce für alle Anlässe (Seite 32)
Salz und Pfeffer
1–2 Eier
4 Streifen von der Schale einer unbehandelten Yuzu-Frucht, ersatzweise Zitronen- oder Limettenschale, zum Garnieren

**Für die Sauce:**
100 ml Dashi-Brühe oder leichter Fischfond
1/2 EL Mirin
1 TL helle Sojasauce
Salz
1 TL Kartoffel- oder Speisestärke, mit 1 TL Wasser verrührt
Yuzu-Saft, ersatzweise Zitronen- oder Limettensaft

**1** Für die Füllung das Krebsfleisch in kleine Stücke teilen, eventuelle Schalenreste entfernen. Von den Shiitake die Stiele entfernen und die Pilze in 1 cm große Quadrate schneiden. Die Wakegi- oder Frühlingszwiebeln in 1 cm breite Ringe schneiden.
**2** In einer Pfanne 1 ½ Esslöffel Sonnenblumenöl erhitzen. Folgende Zutaten in dieser Reihenfolge einrühren: Pilze, Krebsfleisch, Reis, Wakegi- oder Frühlingszwiebeln. Zum Schluss etwas Instant-Brühe und Harumis Sojasauce für alle Anlässe darunter-mischen, mit Salz und Pfeffer würzen. Warm halten.
**3** Für die Sauce die Dashi-Brühe, den Mirin, die helle Sojasauce sowie 1 Prise Salz in einen Topf geben und zum Kochen bringen. Die Stärke einrühren und noch einmal aufkochen, um die Sauce etwas einzudicken, dann etwas Yuzu-Saft hinzufügen.
**4** Die Eier in eine Schüssel aufschlagen, verquirlen und mit Salz und Pfeffer würzen. ½–1 Esslöffel Öl in einer Pfanne erhitzen. Die Hälfte der Eimasse hineingeben und daraus ein dünnes Omelett braten. Die Füllung in zwei Teile teilen, einen Teil auf eine Seite des Omeletts legen und die andere Seite darüberschlagen. Mit der anderen Hälfte von Eimasse und Füllung ein zweites Omelett zubereiten. Jedes Omelett in der Mitte durchschneiden und die vier Hälften auf Tellern anrichten. Mit der Sauce und dünnen Streifen Yuzu-Schale garnieren.

## Harumis Sojasauce für alle Anlässe

**Für gut 400 ml**

1 Stück getrockneter Kombu-Seetang, etwa 15 cm lang
400 ml Sojasauce
135 ml Mirin
30 g feinerZucker
15 g getrocknete Fischflocken (Katsuo bushi)

**1** Den Kombu-Seetang mit einem feuchten Tuch abwischen, um überschüssiges Salz zu entfernen und trockentupfen. Kombu und Sojasauce zusammen in einen kleinen Topf geben und 30 Minuten ziehen lassen.

**2** Die Mischung in dem Topf langsam erhitzen, Mirin und Zucker dazugeben (der Zucker muss sich auflösen). Kurz bevor die Sauce kocht, den Kombu herausnehmen und den Schaum von der Oberfläche abschöpfen. Wenn die Sauce kocht, die Fischflocken hineinschütten, erneut aufkochen lassen und den Topf vom Herd nehmen. Die Sauce abkühlen lassen und abseihen. In einer sterilisierten Flasche hält sich die Sauce im Kühlschrank etwa 2 Wochen.

# Süße Eier-Rolle

Tamago Yaki

**Eier sind sehr beliebt in Japan, und auf diese Weise zubereitet ganz besonders. Probieren Sie dieses Rezept aus – es geht einfacher, als es zunächst scheint. Außerdem lohnt es sich, die hier beschriebene Technik zu lernen, denn sie ist für viele Arten von Eier-Rollen nützlich, etwa für die Sushi-Variante. Diese Rolle passt warm oder kalt in viele Mahlzeiten, und auch für Bento (Lunchboxen) eignet sie sich sehr gut.**

FÜR 6 STÜCK
50 ml Mirin
4 Eier
4 EL Dashi-Brühe oder leichter Fischfond
½ TL helle Sojasauce
1 EL feiner Zucker
Sonnenblumen- oder Pflanzenöl
frisch geriebener Daikon oder weißer Rettich
Sojasauce (nach Geschmack)

### Harumis Tipp

Wenn Sie keine rechteckige Pfanne haben, nehmen Sie eine große runde und schneiden Sie eventuell die Eier-Rolle zurecht.

1 Den Mirin in einer geeigneten Schale in der Mikrowelle (600 W) ohne Abdeckung 2 Minuten erhitzen. Alternativ in einem Topf auf dem Herd erhitzen. Abkühlen lassen.

2 In einer Schüssel die Eier aufschlagen, verquirlen, den Mirin einrühren und alles durch ein Sieb gießen. Dashi-Brühe und Sojasauce mischen und den Zucker darin auflösen. Zum Ei geben.

3 Etwas Öl in einer Pfanne erhitzen – eine rechteckige Pfanne wäre ideal. Sie soll nur leicht mit Öl überzogen sein, überschüssiges Öl mit Küchenpapier abtupfen.

4 Nur so viel Eimasse in die Pfanne geben, dass der Boden bedeckt ist. Wenn die Eimasse stockt, erst mit den Kochstäbchen zu sich her ziehen, dann ans Ende der Pfanne rollen (siehe Fotos oben). Dies wird die Mitte – das »Herz« – der Rolle werden.

5 Falls nötig, noch etwas Öl in die Pfanne geben. Nun wieder etwas flüssiges Ei in die Pfanne gießen, dabei den schon gestockten Teil anheben und das Ei darunterlaufen lassen.

6 Wenn diese Schicht fest geworden ist, rollen Sie sie zu sich heran, und zwar um das schon feste »Herz« in der Mitte herum. Alles zusammen zurück ans Ende der Pfanne rollen. Auf diese Weise Schicht um Schicht rollen, bis die Eimasse aufgebraucht ist.

7 Die Eier-Rolle aus der Pfanne nehmen, in Pergamentpapier wickeln und zu einem länglichen Quader formen (siehe Foto links). Etwas abkühlen lassen. In sechs dicke Stücke schneiden und sofort mit geriebenem Rettich und Sojasauce servieren. Wenn Sie die Eier-Rolle in eine Lunchbox (Bento) packen wollen, muss sie zuvor vollständig abgekühlt sein.

# Tofu mit Ricotta

**Sie werden überrascht sein, wie gut Tofu und Ricotta zusammenpassen, obwohl sie sich so ähnlich in Geschmack und Konsistenz sind. Die hier verwendete süß-scharfe Sauce verleiht der Kombination die richtige Ausgewogenheit. Geben Sie reichlich Ricotta auf den Tofu und lassen Sie sich dazu ein Glas kühlen Weißwein schmecken.**

FÜR 4 PERSONEN
300 g Seidentofu
50 ml Sojasauce
4 TL feiner Zucker
1 EL Mirin
1/2 EL frisch geriebener Ingwer
125 g Ricotta
5 Shiso-Blätter oder eine Mischung aus frischem Basilikum und Minze, fein geschnitten
getrocknete Fischflocken (Katsuo bushi) und geröstete Sesamsamen, zum Garnieren

1 Den Tofu vor dem Auspacken gut im Kühlschrank kühlen. Abgießen und auf eine Servierplatte legen.

2 Für die Sauce die Sojasauce mit dem Zucker und dem Mirin leicht vermischen und in einer geeigneten Schale ohne Abdeckung in der Mikrowelle (600 W) 3 Minuten erhitzen (oder in einem Topf auf dem Herd erhitzen). Ein paar Minuten abkühlen lassen, dann den Ingwer einrühren.

3 Den Ricotta auf dem Tofu verteilen. Die Shiso-Blätter oder die Basilikum-Minze-Mischung, die Fischflocken und den Sesam darüberstreuen. Zum Schluss mit der warmen Sauce übergießen und sofort servieren.

# Auberginengratin mit Tofu und Miso-Sauce

Aufläufe isst man in Japan in vielen Varianten. Mit Tofu und Miso als Zutaten ist dieses Gratin aber nicht nur leichter und gesünder als viele andere, sondern schmeckt auch viel »japanischer«. Mit knusprigem Baguette und Salat ergibt es ein herrliches Mittagessen.

FÜR 4 PERSONEN
540 g Auberginen
5 EL Sonnenblumen- oder Pflanzenöl
1 TL frisch geriebener Knoblauch
Salz und Pfeffer
Tofu-Miso-Sauce (siehe unten)
150 g geriebener Käse

**1** Den Ofen auf 230 °C vorheizen.
**2** Die Auberginen in 3 cm große mundgerechte Stücke schneiden und etwa 5 Minuten in Wasser einweichen, um ihnen die Bitterkeit zu entziehen. Abgießen und trockentupfen.
**3** Das Öl in einer Pfanne bei mittlerer Hitze erwärmen. Die Auberginenstücke darin auf beiden Seiten anbräunen, mit Knoblauch, Salz und Pfeffer würzen.
**4** Die Hälfte der Tofu-Miso-Sauce in eine große Auflaufform gießen, mit den gebratenen Auberginen bedecken und die Hälfte des Käses darüberstreuen. Die restliche Sauce darübergießen und den restlichen Käse darauf verteilen. 20 Minuten im Ofen überbacken, bis der Auflauf blubbert und oben leicht gebräunt ist.

## Tofu-Miso-Sauce

Diese Sauce kann man ganz einfach in der Mikrowelle zubereiten.

150 g Seidentofu
2 EL Mehl
1 EL Speisestärke
200 ml Milch (Zimmertemperatur)
1 EL Butter
1/2 TL Instant-Hühnerbrühe (Pulver)
1 EL Crème Double oder Sahne
3 EL rotes Miso
3 EL Saikyo Miso (Harumis Tipp)
Salz und grob gemahlener schwarzer Pfeffer

**1** Den Tofu abgießen, in Küchenpapier wickeln und für einige Minuten in ein Sieb legen, um überschüssiges Wasser aufzusaugen.
**2** Für die weiße Sauce Mehl und Stärke in eine hitzebeständige Schüssel sieben, die Milch nach und nach unterrühren, ohne dass die Milch schäumt. Zugedeckt in der Mikrowelle (600 W) 2 ½ Minuten erhitzen. Mit einem kleinen Schneebesen gut verschlagen. Butter, Instant-Brühe und Crème double oder Sahne untermischen.
**3** Die beiden Miso-Sorten in die heiße Sauce geben, gut mischen.
**4** Den Tofu in Stücke brechen und in die Sauce einarbeiten. Mit Salz und Pfeffer abschmecken.

## Harumis Tipp

Wenn Sie kein Saikyo Miso auftreiben können (ein spezielles Miso aus Kyoto, Seite 123), dann ersetzen Sie die beiden Miso-Sorten durch 5–6 EL Awase Miso und vermischen es mit 2 EL feinem Zucker.

# Tofu mit Edamame-Bohnen und Pickles

**Edamame-Bohnen sind in Japan sehr beliebt, vor allem im Sommer als Nascherei zum Bier. Sie haben einen beinahe nussigen Geschmack, besonders wenn man sie direkt aus der Schale isst. Außerhalb Japans tut man sich meist schwer, frische zu bekommen, es gibt sie aber tiefgekühlt. Ich kombiniere beim Kochen gern unterschiedliche Texturen und Geschmäcker, und hier ergeben die knackigen Bohnen und die salzigen Pickles einen wunderbaren Kontrast zum weichen Tofu.**

FÜR 4 PERSONEN

300 g Seidentofu
1 EL Knoblauchöl (Seite 64)
16 g getrocknete Garnelen (Hoshi Ebi), eingeweicht und gehackt oder gegartes Garnelenfleisch, gehackt
250 g Edamame-Bohnen, gegart und enthülst, aufgetaut
40 g chinesischer eingelegter Kohl (Zha Chai), überschüssiges Salz abgespült, gehackt
1–2 TL Sojasauce
60 g ungesalzene Erdnusskerne, gehackt
15 g Frühlingszwiebeln oder Schnittlauch, gehackt

**Menü-Planung**

Dieses Gericht wird meist als Beilage serviert und schmeckt besonders gut im Sommer. Für mich passt es zu allen Donburi-Reisgerichten, zu Gyoza (Seite 70) oder zu Huhn Pari Pari (Seite 72).

**1** Den Tofu abgießen, in Küchenpapier wickeln und für einige Minuten in ein Sieb legen, um überschüssiges Wasser aufzusaugen.

**2** Das Öl in einer Pfanne erhitzen. Wenn sich das Knoblaucharoma entfaltet, Garnelen, Edamame-Bohnen und Kohl hineingeben und schnell anbraten. Die Sojasauce nach und nach dazugießen; wie viel Sie brauchen, hängt davon ab, wie salzig der Kohl ist.

**3** Den Tofu auf eine Servierplatte legen, die gebratene Mischung darüber verteilen. Mit den Erdnüssen und Frühlingszwiebeln oder dem Schnittlauch bestreuen und servieren.

# Tofu mit würzigem Rindfleisch

Mabo Dofu

**Viele Leute lieben dieses Gericht. Wenn Sie sich noch nicht so recht an Tofu trauen, dann ist dieses Rezept ein guter Einstieg. Sie werden sehen, wie schön das würzige Hackfleisch den weichen Tofu ergänzt. Die Aromen der verschiedenen Zutaten tun ein Übriges: Frühlingszwiebeln, Knoblauch, Ingwer, Sesamöl und Sansho-Pfeffer ergeben zusammen eine vielschichtige Geschmackskomposition.**

FÜR 4 PERSONEN

600 g Seidentofu
200 g dünn geschnittenes Rindfleisch
etwas Sojasauce, Pfeffer, Sake und Sesamöl
1 TL chinesische Suppenpaste, in 100 ml heißem Wasser aufgelöst
5 EL Sojasauce
2 TL Zucker
1 EL Sake
2 EL Sonnenblumen- oder Pflanzenöl
100 g Frühlingszwiebeln, fein gehackt
1/2 EL fein gehackter Knoblauch
1 EL fein gehackter frischer Ingwer
1/2 EL Chilipaste, z. B. To Ban Jan
1 EL Kartoffel- oder Speisestärke, mit 1 EL Wasser vermischt
Salz und Pfeffer
etwas Konazansho (siehe Anmerkung)
1 EL Sesamöl

1 Den Tofu in Küchenpapier wickeln und in ein Sieb legen, um überschüssiges Wasser aufzusaugen.

2 Das Rindfleisch grob in Stücke schneiden und in einer Mischung aus etwas Sojasauce, Pfeffer, Sake und Sesamöl marinieren (nach Geschmack). In einer anderen Schüssel die aufgelöste Suppenpaste mit Sojasauce, Zucker und Sake vermischen. Beiseite stellen.

3 In einer Pfanne das Öl erhitzen. Die Hälfte der Frühlingszwiebeln darin braten. Knoblauch und Ingwer mitbraten, bis sich ein kräftiges Aroma entwickelt. Die Chilipaste einrühren.

4 Das Fleisch in die Pfanne geben. Wenn es angebräunt ist, den Tofu vorsichtig in die Pfanne bröckeln.

5 Die mit Sojasauce, Zucker und Sake vermischte Suppenpaste in die Pfanne gießen. Sobald sie aufkocht, die Stärke einrühren und einmal aufkochen, um sie etwas einzudicken. Salzen, pfeffern und mit den restlichen Frühlingszwiebeln bestreuen. Konazansho darüberstreuen und über alles etwas Sesamöl träufeln. Sofort servieren.

**Anmerkung**

Sansho ist der japanische Name der Stachelesche. Seine jungen Blätter heißen Kinome, die Beeren Mizansho. Konazansho (oder Sansho-Pfeffer) ist das getrocknete Pulver aus den Beeren. Sein Aroma verleiht der japanischen Küche eine unverwechselbare Note. Sichuan-Pfeffer ist eine Alternative.

**Menü-Planung**

Dazu passen Reis und einfaches Gemüse wie das Pak-choi-Gericht (Seite 115)

# Reis & Nudeln

# Kleines Donburi mit Thunfisch und Avocado

**Die einfachsten Speisen sind manchmal die leckersten. Dieses Donburi besticht durch seine Vielfalt an Farben, Texturen und Geschmacksnoten. Wenn ich Freunde im Ausland besuche, bereite ich immer Donburi nach diesem Rezept für sie zu.**

FÜR 4 PERSONEN

100 g roher Thunfisch in Sashimi-Qualität (ideal ist mittelfetter »Chu Toro« )
100 g reife Avocado, geschält
600 g heißer gegarter Reis
15 g frischer Ingwer, fein gehackt
Sojasauce (nach Geschmack)

**Was ist ein Donburi?**

Donburi nennt man eine große Schale Reis; auf den Reis werden andere Zutaten gelegt – ein populäres Mittagessen in Japan. Was dabei auf den Reis kommt, ist völlig freigestellt.

**Anmerkung**

Japanischer Reis (Kome) ist rundkörnig und viel klebriger als Langkornreis. Pro Person rechnet man etwa 1/2 Tasse rohen Reis.

1 Den Thunfisch mit einem scharfen Messer grob in Stücke schneiden.

2 Die Avocado in 1 cm große rechteckige Stücke schneiden und zum Thunfisch geben.

3 Den heißen Reis auf vier Portionsschalen verteilen und mit der Thunfisch-Avocado-Mischung bedecken. Mit gehacktem Ingwer garnieren und nach Geschmack Sojasauce dazugeben.

# Gemischter Reis mit Paprika und Krebsfleisch

**Dieses Reisgericht sieht sehr hübsch aus und passt in jede Mahlzeit; die farbenfrohen Paprikaschoten bringen sogar eine festliche Note hinein. Ich mag dafür am liebsten japanischen Reis, aber mit Langkornreis gelingt das Rezept genauso.**

FÜR 4–6 PERSONEN
320 g roher Reis
Instant-Hühnerbrühe
(2 TL Pulver oder 1 Brühwürfel)
400 ml Wasser
90 g rote Paprikaschote
60 g grüne Paprikaschote
5–6 Pilze
120 g gegartes weißes Krebsfleisch (Dose)
25 g Butter
1 Lorbeerblatt
Salz und Pfeffer

1 Wenn Sie japanischen Reis verwenden, waschen Sie ihn, gießen ihn ab und lassen ihn vor dem Kochen 30 Minuten ruhen.
2 Die Instant-Hühnerbrühe in etwas heißem Wasser auflösen, dann den Rest des Wassers dazugeben.
3 Die Paprikaschoten aufschneiden, Trennhäute und Samen entfernen. Die rote Schote klein (5 mm) würfeln, die grüne in 1 cm große rechteckige Stücke schneiden. Die Pilze putzen und in feine Scheiben schneiden. Das Krebsfleisch in kleinere Stücke zupfen, dabei eventuelle Schalenreste entfernen. Die Butter in kleine Stücke schneiden.
4 Den Reis in der Brühe kochen (Seite 54), für den Geschmack das Lorbeerblatt mit hineingeben.
5 Das Lorbeerblatt aus dem gekochten Reis nehmen. Die Butterstückchen hineinrühren, salzen und pfeffern und kurz durchmischen. Paprikaschoten, Pilze und Krebsfleisch hinzufügen, noch einmal mischen und servieren.

# Reis mit Lachskaviar und Lachsflocken

**Dieses Rezept ist vielseitig und verbreitet. Sie können die Lachsflocken entweder zusammen mit Ikura (Lachskaviar) auf einer Schale Reis servieren oder für ein Bento (Lunchbox) nur die Flocken in Reisbällchen geben. Die Lachsflocken halten im Kühlschrank 2–3 Tage und ihr Geschmack wird Ihnen gefallen.**

FÜR 2–4 PERSONEN

**Für die Lachsflocken:**

200 g frisches Lachsfilet, gesalzen
1 EL Sake
1 TL helle Sojasauce
6 EL Furikake oder geröstete schwarze Sesamsamen

300 g heißer gegarter Reis
Ikura (Lachskaviar, nach Geschmack)
in Ringe geschnittene Frühlingszwiebeln oder Schnittlauch, zum Garnieren

**Anmerkung**

Ikura ist der in Japan sehr beliebte gesalzene Lachskaviar; man kennt ihn etwa auf Sushi oder in Chirashi Zushi.

Furikake ist eine Würzmischung aus geröstetem Sesam, Seetangstückchen, getrocknetem Fisch und Salz, die wir gern über warmen oder kalten Reis streuen.

1 Den Lachs von Haut und Gräten befreien und zerpflücken.
2 Das Lachsfleisch in einem kleinen Topf mit dem Sake übergießen. Bei mittlerer Hitze köcheln, bis es vollständig gar ist. Das Fleisch in noch kleinere Flocken zerteilen. Die Sojasauce zugeben.
3 Vom Herd nehmen und das Furikake oder den Sesam nach Belieben untermischen oder nur darüberstreuen.
4 Den Reis auf Portionsschalen verteilen. Lachsflocken darübergeben, je 1 Löffel Lachskaviar darauf häufen und mit fein geschnittenen Frühlingszwiebeln oder Schnittlauch garnieren.

# Reis mit grünen Erbsen

**Erbsen und Reis sind eine fantastische Kombination, die gut schmeckt und toll aussieht. Frische grüne Erbsen sind die besten, aber außerhalb der Saison geht es mit tiefgefrorenen auch sehr gut. Auch für die Lunchbox (Bento) eignet sich dieser Reis vorzüglich. Wer einen volleren Geschmack mag, gibt nach dem Kochen Butter hinein.**

FÜR 4 PERSONEN
320 g roher Reis
Instant-Hühnerbrühe
(1 EL Pulver oder 1 Brühwürfel)
400 ml Wasser
1 EL Sake
1 TL helle Sojasauce
220 g frische oder tiefgefrorene Erbsen, gegart
Salz

**1** Den Reis waschen und in einem Sieb vor dem Kochen 30 Minuten ruhen lassen.
**2** Instant-Hühnerbrühe in etwas heißem Wasser auflösen, dann auf 400 ml Wasser auffüllen. Den Reis in den Reiskocher oder einen Topf geben, die Hühnerbrühe, den Sake und die Sojasauce zugeben und wie gewöhnlich kochen (Seite 54).
**3** Die Erbsen vorsichtig unter den gekochten Reis ziehen, damit weder Erbsen noch Reis zerquetscht werden. Leicht salzen und servieren.

**Menüplanung**
Reis mit grünen Erbsen passt zu Fleisch- oder Fischgerichten, und meiner Meinung nach besonders gut zu Ingwer-Schweinefleisch (Seite 62).

KURIHARA HARUMI

# Meerbrasse auf Reis

**Hier wird der Fisch eigentlich zweimal gegart, erst unter dem Grill, dann auf dem Reis. Das macht ihn so schmackhaft. Meerbrasse essen wir gerne, wenn es etwas zu feiern gibt, und meistens gibt es dann auch einen ganzen Fisch. Für dieses Rezept ist ein Filet aber vollauf genug. Man isst es einfach so oder in einer Art Suppe, im sogenannten Ochazuke-Stil (siehe unten). Statt Meerbrasse können Sie auch Lachs verwenden.**

FÜR 2 PERSONEN

160 g roher japanischer Reis
1 kleines frisches Meerbrassenfilet (etwa 110 g), mit Haut
Salz
200 ml Dashi-Brühe oder leichter Fischfond
2 TL helle Sojasauce
1/2 EL Mirin

**Für den Ochazuke-Stil:**

200 ml Dashi-Brühe oder leichter Fischfond
etwas helle Sojasauce, Sake und Salz (nach Geschmack)
gehackte japanische Pickles (Seite 126; nach Geschmack)

1 Den Reis waschen, abgießen und vor dem Kochen mindestens 30 Minuten ruhen lassen (Seite 54).

2 Das Fischfilet salzen und im Ofen unter dem heißen Grill goldgelb grillen. Herausnehmen und alle Gräten sorgfältig entfernen.

3 Reis, Dashi oder Fischfond, Sojasauce und Mirin in einen Topf mit dickem Boden oder eine Keramikschale, die direkt erhitzt werden kann, geben, vermischen und den Fisch obenauf legen. Zum Kochen bringen, die Hitze herunterschalten und einen Deckel auflegen. Den Reis 10 Minuten köcheln, vom Herd nehmen und weitere 5–6 Minuten quellen lassen. Den Fisch häuten, in Stücke teilen, dabei auf verbliebene Gräten prüfen, mit dem Reis vermischen und servieren.

**Im Ochazuke-Stil:**

1 Für die Suppe die Dashi-Brühe oder den Fischfond mit Sojasauce, Sake und etwas Salz in einem Topf erhitzen.

2 Die Meerbrassen-Reis-Mischung in einzelne Portionsschalen verteilen und mit der heißen Suppe übergießen. Mit gehackten japanischen Pickles nach Geschmack garnieren und servieren.

# Sukiyaki-Donburi

**Neben Sushi und Sashimi ist Sukiyaki eins der bekanntesten japanischen Gerichte. Normalerweise wird es im »Nabe-Stil« gegessen, das heißt, direkt am Tisch zubereitet. Hier aber mache ich es als Donburi – das schmeckt sogar kalt in der Lunchbox (Bento).**

FÜR 2 PERSONEN

- 50 g Frühlingszwiebeln
- 50 g Shungiku-Blätter, falls erhältlich, ersatzweise Rucola
- 100 g Shirataki-Nudeln oder Reis-Vermicelli
- 100 g Enoki-Pilze
- 100 g dünn geschnittenes Rindfleisch
- 1½ EL Mirin
- ½ EL feiner Zucker
- 1 EL Sake
- 3 EL Harumis Sojasauce für alle Anlässe (Seite 33)
- 300 g heißer gegarter Reis
- eingelegter Ingwer (Beni Shoga, nach Geschmack)

1 Die Frühlingszwiebeln putzen, schräg in 1½ cm breite Stücke schneiden. Die Shungiku-Blätter in 4 cm lange Streifen schneiden.

2 Die Shirataki-Nudeln kurz kochen und in kurze, mundgerechte Stücke schneiden.

3 Den Boden des Enoki-Büschels abschneiden und das Büschel in zwei Teile teilen.

4 In einer beschichteten Pfanne Rindfleisch und Frühlingszwiebeln kurz braten. Mirin, Zucker, Sake und Harumis Sojasauce dazugeben, dann die Nudeln und die Pilze. Einige Minuten köcheln lassen. Zum Schluss die Shungiku-Blätter zufügen.

5 Den Reis auf Schalen verteilen und mit den anderen Zutaten bedecken. Mit etwas eingelegtem Ingwer garnieren.

**Anmerkung**

Shungiku sind die essbaren Blätter einer Chrysanthemenart mit typischem kräftigem Geschmack.

Shirataki sind dünne Nudeln aus Konnyaku, einer geleeartigen Sustanz, die man aus einer japanischen Yamswurzel gewinnt. Sie schmecken nach nichts, werden aber ihrer Konsistenz wegen verwendet.

Die kleinen weißen Enoki-Pilze wachsen in Büscheln und sind inzwischen in vielen Ländern immer besser erhältlich.

# Donburi mit Hähnchenhackfleisch

**Donburi mit Hähnchenfleisch und Ei ist ein beliebtes Mittagessen in Japan. Dabei wird gesüßtes gekochtes Hähnchenfleisch in ein recht flüssiges Omelett gehüllt. Dieses Rezept ist eine leichtere Version davon. Für zwei Personen ist es ein Hauptgericht, als Beilage reicht es für vier Personen. Auch kalt im Bento (Lunchbox) schmeckt es gut.**

FÜR 2–4 PERSONEN

Für das Hähnchenfleisch:
200 g gehacktes Hähnchenfleisch
3 EL Sojasauce
1½ EL feiner Zucker
1½ EL Mirin

**Für die gesüßten Shiitake-Pilze:**
6 getrocknete Shiitake-Pilze
50 ml Wasser
1½ EL Sojasauce
1½ EL Mirin
2 TL feiner Zucker

2 Eier
600 g heißer gegarter Reis
einige Zuckerschoten, zum Garnieren
Nori-Seetang (nach Belieben)

1 Das Hähnchenfleisch mit Sojasauce, Zucker und Mirin vermischen und unter ständigem Rühren in einem Topf köcheln lassen, bis fast alle Flüssigkeit verkocht ist.

2 Für die gesüßten Shiitake die Pilze in 50 ml lauwarmem Wasser einweichen, bis sie ganz weich sind. Überschüssiges Wasser leicht ausdrücken, das Einweichwasser aufheben. Die Stiele entfernen und die Pilze in je 6 Scheiben schneiden. In einen kleinen Topf geben, das Einweichwasser, die Sojasauce, den Mirin und den Zucker dazugeben und köcheln lassen, bis die meiste Flüssigkeit verkocht ist.

3 In einem anderen Topf die Zuckerschoten kurz kochen, in kaltem Wasser abschrecken, abgießen und schräg in Stücke schneiden.

4 Die Eier 7–8 Minuten kochen, abgießen und in kaltes Wasser legen, damit sie schnell abkühlen. Sobald sie kalt genug sind, um sie in die Hand zu nehmen, schälen und vierteln.

5 Den Reis auf Portionsschalen verteilen. Das Hähnchenfleisch, die Pilze, Zuckerschoten und die Eierviertel darauf legen. Nach Belieben Nori darüberkrümeln.

# Japanisches Risotto mit grünem Tee

Ochazuke

**Jede Region auf der Welt hat ihre »Trostspeisen« – Gerichte, die man sich gönnt, wenn man sich nicht wohl fühlt oder wenig Appetit hat. In Japan isst man dann Ochazuke. Es ist schnell und einfach gemacht und überaus variabel, was die Zutaten angeht, die auf den Reis kommen – etwa Lachsflocken (Seite 47). Auch als Abschluss eines Essens im kleinen Kreis oder wenn man abends ausgegangen ist, ist Ochazuke sehr beliebt.**

Pro Person
1 Schale heißer gegarter Reis
Japanische Pickles (Seite 126)
1 Kanne heißer grüner Tee

**1** Den gegarten Reis in eine Schale geben, mit einer Auswahl Pickles garnieren und den heißen Tee darübergießen. Fertig!

## Japanischen Reis kochen

**1** Den Reis sorgfältig waschen, indem Sie ihn in einer Schüssel mit kaltem Wasser schwenken. Abgießen und mehrmals wiederholen. Nach 3–4 Minuten wird das Wasser immer klarer. Den Reis abgießen und mindestens 30 Minuten ruhen lassen.

**2** Den Reis im Reiskocher oder einem Topf mit schwerem Boden und dicht schließendem Deckel garen: Den Reis hineingeben und knapp mit Wasser bedecken. Nicht salzen.

**3** Zum Kochen bringen, den Deckel schließen und die Temperatur herunterschalten. 15 Minuten köcheln lassen, dann den Herd ausschalten und den Reis weitere 10 Minuten zugedeckt quellen lassen.

# Kalte Nudeln mit Schweinefleisch

**An einem heißen Sommertag sind diese gekühlten Nudeln mit Sesamdressing ein erfrischendes Mittagessen.**

FÜR 4 PERSONEN
500 g Schweinelende
1 TL Sojasauce
1 1/2 EL Shokoshu oder trockener Sherry
1 TL Sesamöl
Salz
100 g Gurke
50 g Frühlingszwiebeln
Sonnenblumen- oder Pflanzenöl, zum Frittieren
Kartoffel- oder Speisestärke, zum Bestauben
600 g chinesische Instant-Eiernudeln
grob zerstoßene geröstete Sesamsamen, zum Garnieren
Senf (nach Belieben)

**Für das Sesamdressing:**
50 ml Sojasauce
1 1/2 EL feiner Zucker
1 EL Reisessig
1 EL Sesampaste oder ungesüßte Erdnussbutter
etwas Instant-Hühnerbrühe, in 2 EL heißem Wasser aufgelöst

**1** Das Schweinefleisch in acht Scheiben schneiden, diese auf beiden Seiten leicht einschneiden – so wird es schneller gar. In Sojasauce, Shokoshu oder Sherry, Sesamöl und etwas Salz marinieren.
**2** Die Gurke schräg in Scheiben, dann in schmale Streifen schneiden, die wässrige Mitte wegwerfen. Die Frühlingszwiebeln putzen, längs halbieren, schräg in dünne Streifen schneiden und in Wasser einweichen, um ihnen die Schärfe zu nehmen.
**3** Für das Dressing Sojasauce, Zucker, Reisessig, Sesampaste oder Erdnussbutter und Hühnerbrühe miteinander vermischen.
**4** Das Öl in einer tiefen Pfanne erhitzen. Das Fleisch mit der Stärke bestauben und in dem Öl frittieren, bis es gar ist.
**5** Die Nudeln nach der Packungsangabe kochen. Wenn sie fertig sind, zum Kühlen in eiskaltes Wasser geben, dann abgießen.
**6** Die Nudeln auf vier Schalen aufteilen. Das Fleisch darauflegen, mit Gurke und Frühlingszwiebeln garnieren, Dressing darübergießen. Mit Sesam bestreuen. Nach Geschmack mit Senf servieren.

# Harumis Soba Chirashi

**Es macht mir großen Spaß, viele unterschiedliche Zutaten auf Soba-Nudeln zu geben. Daraus werden die interessantesten Speisen. Hier sind es süße Eier-Rollen (Seite 34), Gemüse-Tempura (Seite 112), Kamaboko, Shiso-Blätter, Nori-Seetang und verschiedenes andere. Ein schönes Mittagessen, aber auch prima für eine Party: Reihen Sie einfach alle Zutaten auf dem Tisch auf.**

FÜR 2 PERSONEN

**Für 350 ml Mentsuyu-Sauce:**

100 ml Sojasauce
100 ml Mirin
200 ml Wasser
20 g getrocknete Fischflocken (Katsuo Bushi)

150 g Soba-Nudeln
in Scheiben geschnittenes Kamaboko
(nach Belieben, siehe Anmerkung)
Süße Eier-Rolle (Seite 34)
verschiedene Gemüse-Tempura (Seite 112)

**Andere Beilagen:**

geriebener Daikon oder weißer Rettich
frisch geriebener Ingwer
Chilipulver oder Shichimi Togarashi
geröstete weiße Sesamsamen
grob gehackte Mitsuba-Blätter oder Koriandergrün
geriebener Wasabi
fein geschnittene Frühlingszwiebeln
oder Schnittlauch

**Anmerkung**

Kamaboko ist eine ovale, milde Fischpastete, die manchmal mit Sojasauce gegessen wird. Sie ist im Japanladen tiefgekühlt erhältlich.

Wenn Sie keine getrockneten Fischflocken finden, ersetzen Sie die Hälfte des Wassers durch 100 ml leichten Fischfond. Das Fischaroma sollte nicht zu stark sein.

**1** Für die Mentsuyu-Sauce in einer hitzebeständigen Schüssel Sojasauce, Mirin, Wasser und Fischflocken vermischen. Ohne Abdeckung für 3 ½ Minuten in der Mikrowelle (600 W) erhitzen. Abkühlen lassen und in ein Servierkännchen umfüllen.

**2** Die Soba-Nudeln nach Packungsangabe kochen, dann unter fließendem kaltem Wasser abspülen und gut abtropfen lassen.

**3** Alle Zutaten und Beilagen in Schalen anrichten. Die Nudeln in Portionsschalen verteilen und mit Scheiben von Kamaboko, Eier-Rolle und Tempura-Stücken belegen. Nach Geschmack andere Beilagen hinzugeben und mit etwas Mentsuyu-Sauce übergießen.

# Selbstgemachte Udon

**Meistens kauft man fertige frische oder getrocknete Udon-Nudeln, doch man kann sie auch selbst herstellen. Es kommt auch gar nicht darauf an, ob sie schön gleichmäßig geraten. Es macht Spaß, und sie haben eine ganz fantastische Konsistenz.**

FÜR 4 PERSONEN
25 g Salz
235 ml Wasser
350 g Hartweizenmehl plus Mehl zum Bestauben
150 g Weizenmehl (Type 405)

**Für heiße Udon-Nudeln**
**Für 1 Person**
150–180 g selbstgemachte Udon-Nudeln
225 ml Dashi-Brühe
75 ml einfache Mentsuyu-Sauce (Seite 59)
fein geschnittene Frühlingszwiebeln (nach Geschmack)
Chilipulver oder Shichimi Togarashi (nach Geschmack)

1 Das Salz in 1 El Wasser auflösen, dann zum restlichen Wasser geben. Die beiden Mehlsorten in einer großen Schüssel vermischen, das Salzwasser dazugießen.

2 Wasser und Mehl mit den Händen zu einem Teig verarbeiten, dabei vom Boden der Schüssel nach oben ziehen und wieder herunterdrücken, bis sich alles gut miteinander verbunden hat.

3 Den Teig auf ein großes Brett legen und 5–10 Minuten so fest kneten, wie Sie können. Dann in einen großen Frischhaltebeutel geben und in ein dickes Handtuch wickeln. Auf den Boden legen, die Schuhe ausziehen und barfuß darauf herumsteigen (Foto Seite 59). So werden die Nudeln am Ende schön bissfest.

4 Den flach getretenen Teig aus dem Frischhaltebeutel holen und ausrollen. Zusammenfalten, erneut in den Beutel geben und wieder darauf herumtreten. Wiederholen Sie das mehrmals 15–20 Minuten lang, bis der Teig schön weich wird. Nun den Teig in dem Beutel 3–4 Stunden ruhen lassen, im Winter an einem warmen Ort.

5 Den Teig aus dem Beutel nehmen und zu einer Kugel formen. Wieder in den Beutel geben und erneut darauf herumtreten. Versuchen Sie, ihn mit den Füßen flach zu bekommen – sehr effektiv ist es, sich auf den Fersen um 360 Grad darauf herumzudrehen.

6 Die Arbeitsfläche bemehlen, den platt getretenen Teig darauflegen und von der Mitte her ausrollen, dabei drehen und weiter ausrollen, bis er am Ende 3–4 mm dick und ungefähr rechteckig ist.

7 Arbeitsfläche und Teig wieder gut bemehlen. Ein Drittel der Teigplatte nach innen legen, die andere Seite darüberklappen.
8 Den Teig in 3–4 mm breite Streifen schneiden. Das geht am besten mit einem breiten Messer, das die Nudeln beim Schneiden auch gleich vom Teigblock wegdrückt. Der Teig wird recht klebrig, also auch beim Schneiden immer gut bemehlen.
9 In einem großen Topf viel Wasser zum Kochen bringen. Wenn nötig, die Nudeln bemehlen, dann ins kochende Wasser geben.
10 Die Nudeln mit Kochstäbchen (Saibashi) leicht umrühren, damit sie nicht zusammenkleben. Wenn das Wasser kocht, eine kleine Tasse kaltes Wasser dazugießen, um die Temperatur zu senken, wenn nötig, mehrmals. Die Nudeln insgesamt 6–7 Minuten kochen. In ein Sieb abgießen und mit kaltem Wasser abschrecken.
11 Sobald sie kühl genug sind, die Udon mit den Händen voneinander trennen. Unter kaltes Wasser halten, um die Stärke abzuspülen.
12 Die Udon sind nun fertig. Man kann sie kalt essen, traditionell werden sie aber heiß serviert, wie unten beschrieben.

### Heiße Udon-Nudeln

1 Die Udon in ein Sieb geben. Wasser zum Kochen bringen und die Nudeln damit übergießen, um sie aufzuwärmen. Abtropfen lassen und auf Portionsschalen verteilen. Drei Teile Dashi-Brühe (Seite 20) mit einem Teil Mentsuyu-Sauce (unten) mischen und in einem Topf aufkochen. Die Brühe über die Nudeln gießen. Nach Geschmack mit feinen Frühlingszwiebelrollen und Chilipulver oder Shichimi Togarashi bestreuen.

**Für die einfache Mentsuyu-Sauce**
**Für 4 Personen**

10 cm getrockneter Kombu-Seetang
200 ml Wasser
400 ml Sojasauce
300 ml Mirin
2 EL feiner Zucker
50 g getrocknete Fischflocken (Katsuo bushi)

### Einfache Mentsuyu-Sauce

1 Vom Kombu überschüssiges Salz leicht abwischen. In einen Topf legen, mit dem Wasser bedecken und 2–3 Stunden einweichen.
2 Sojasauce, Mirin und Zucker hinzufügen und erhitzen. Kurz bevor die Flüssigkeit kocht, den Kombu herausnehmen und die Fischflocken dazugeben. Etwa 30 Sekunden kochen lassen, dann abkühlen lassen und abgießen. Mentsuyu-Sauce hält sich in einer sterilisierten Flasche im Kühlschrank 3–4 Tage.

# Fleisch & Geflügel

# Ingwer-Schweinefleisch

Buta no Shoga Yaki

**Schon bald nach meiner Hochzeit fand ich heraus, dass Ingwer-Schweinefleisch, zusammen mit dem Reis mit grünen Erbsen von Seite 48, ein Lieblingsgericht meines Mannes ist. Seitdem habe ich diese Kombination unzählige Male auf den Tisch gebracht, aber meine Familie isst sie nach wie vor mit großem Genuss.**

FÜR 4 PERSONEN

250 g Sojabohnensprossen
3 EL Sojasauce
2 EL Mirin
1/2–1 EL frisch geriebener Ingwer (nach Geschmack)
300 g Schweinefleisch, in feine Scheiben geschnitten
Sonnenblumen- oder Pflanzenöl, zum Braten
1 Knoblauchzehe, in Scheiben geschnitten
Salz und Pfeffer

1 Von den Bohnensprossen Spitzen und Enden abschneiden. (Auch wenn Sie das für überflüssig halten: Versuchen Sie es einmal, und Sie werden mir zustimmen, dass die Bohnensprossen so hübscher aussehen und besser schmecken.)

2 Sojasauce, Mirin und Ingwer miteinander vermischen. Das Fleisch vor dem Braten kurz in dieser Marinade wenden.

3 Etwas Öl in einer Pfanne bei mittlerer Hitze heiß werden lassen. Das Fleisch aus der Marinade nehmen und braten; achten Sie darauf, dass es gleichmäßig gart und sich nicht einrollt. Nach ein paar Minuten wenden, so dass beide Seiten braun werden. Braten Sie es nicht zu lang, da es erstaunlich schnell gart; durchgebraten sollte es allerdings sein.

4 In einer anderen Pfanne 1 Esslöffel Öl stark erhitzen. Den Knoblauch hineingeben. Sobald sein Aroma frei wird, die Sprossen dazugeben und unter Rühren braten. Salzen und pfeffern.

5 Die Sprossen auf einem Servierteller anrichten und das Fleisch darauflegen. Mit dem Bratensaft aus der Pfanne übergießen.

# Salat mit Ingwer-Schweinefleisch

Buta no Shoga Yaki Salat

**Diese Variante des Rezepts für Ingwer-Schweinefleisch auf Seite 62 ergibt eine leckere leichte Mahlzeit. Servieren Sie dazu knuspriges Baguette oder eine Schüssel heißen weißen Reis.**

FÜR 4 PERSONEN

**Für das Ingwer-Schweinefleisch:**

1/2 EL frisch geriebener Ingwer
2 EL Sojasauce
1 TL Mirin
200 g Schweinefleisch, in feine Scheiben geschnitten
gemischte Salatblätter
Sonnenblumen- oder Pflanzenöl

**Für das Dressing:**

1 EL frisch geriebener Ingwer
1 EL Weinessig
4 EL Sojasauce
2 EL Sonnenblumen- oder Pflanzenöl
2 TL feiner Zucker
Pfeffer

## Harumis Tipp

Für dieses Gericht verwende ich immer Schweineschulter oder Lende. Der Fettgehalt dieser Stücke macht das Fleisch zart. Wie dick Sie die Scheiben schneiden, bestimmen Sie selbst. Achten Sie darauf, dass das Fleisch Zimmertemperatur hat, wenn Sie zu kochen beginnen.

1 ½ Esslöffel Ingwer mit Sojasauce und Mirin mischen und das Fleisch kurz darin marinieren. Die Salatblätter in Eiswasser legen, dadurch werden sie besonders knackig. Gut abtropfen lassen.

2 Für das Dressing Ingwer, Essig, Sojasauce, Öl, Zucker und Pfeffer miteinander vermischen.

3 Etwas Öl in einer Pfanne erhitzen und das Fleisch auf beiden Seiten braten, so dass es gleichmäßig braun wird.

4 Den Salat auf einer Platte anrichten und das Fleisch darauflegen. Mit dem Dressing übergießen und servieren.

# Schweinefleisch mit aromatischem Gemüse

**Dies ist ein sehr einfaches, aber ungeheuer schmackhaftes Gericht. Das Aroma der Gemüse und Kräuter ist einfach wunderbar. Und schnell geht es obendrein.**

FÜR 4 PERSONEN

200 g Schweinefleisch, in feine Scheiben geschnitten
Salz und Pfeffer
25 g Mitsuba-Blätter oder Koriandergrün
50 g Frühlingszwiebeln
20 g frischer Ingwer, geschält
2 Myoga-Knospen (falls erhältlich)
10 Shiso-Blätter, ersatzweise eine Mischung aus frischer Minze und Basilikum
ein wenig Knoblauchöl (Rezept unten)
geröstete Sesamsamen, zum Garnieren
eine Mischung aus Sojasauce und Wasabi oder Sudachi- bzw. Zitronen-/Limettensaft

**1** Das Fleisch salzen und pfeffern.
**2** Die Mitsuba-Blätter in mundgerechte Stücke schneiden. Die Frühlingszwiebeln putzen und in feine Ringe schneiden. Ingwer, Myoga und Shiso-Blätter in Streifen schneiden.
**3** Das Knoblauchöl in einer Pfanne erhitzen und das Fleisch unter ständigem Rühren knusprig braten. Auf einen Servierteller legen.
**4** Das Fleisch großzügig mit Mitsuba, Frühlingszwiebeln, Ingwer, Shiso und Myoga bedecken; am Ende Sesam über alles streuen. Nach Geschmack mit der Soja-Wasabi-Mischung oder Sudachisaft übergießen.

**Knoblauchöl:**

**1** 3 Zehen frischen Knoblauch fein hacken und mit 200 ml Sonnenblumen- oder Pflanzenöl vermischen. Das Öl hält sich im Kühlschrank bis zu 1 Woche. Man kann es für Salatsaucen, pfannengerührte Gerichte und Pasta verwenden.

**Menüplanung**

Zu diesem Gericht passen weißer Reis, Misosuppe und eine Gemüsebeilage wie etwa die sautierten Bohnensprossen mit Pak choi (Seite 115).

# Paniertes Schweinefleisch

Tonkatsu

**Tonkatsu ist ein echter japanischer Klassiker. Die Panade muss außen knusprig, das Fleisch innen saftig sein. Dazu gehört unbedingt ein Haufen in feine Streifen geschnittener roher Weißkohl. Meist wird kurz vor dem Servieren auch Tonkatsu-Sauce darübergegossen. Als Alternative biete ich Salz, Zitrone und Senf an.**

1 Den Fettrand der Schweinelenden 4- bis 5-mal einschneiden, damit sich das Fleisch beim Braten nicht einrollt.

2 Das Fleisch mit einem Klopfer oder einem Nudelholz klopfen; mit Salz und Pfeffer würzen.

3 Die Fleischscheiben mit Mehl bestauben, in dem verquirlten Ei wenden und schließlich mit Brotflocken überziehen.

4 Das Öl auf 160–170 °C erhitzen und das Fleisch darin 2–3 Minuten braten. Wenden und noch einmal 2–3 Minuten frittieren, bis es gar ist.

5 Wenn das Fleisch goldbraun ist, aus dem Öl nehmen und gut abtropfen lassen. Jede Scheibe quer in mundgerechte Stücke schneiden und neben einem Haufen fein geschnittenem Kohl anrichten. Mit Zitrone, Senf, Tonkatsu-Sauce, Salz und Sojasauce servieren.

FÜR 4 PERSONEN

400 g Schweinelende, in 1–1½ cm dicke Scheiben geschnitten
Salz und Pfeffer
Mehl, zum Bestauben
1 Ei, verquirlt
japanische Brotflocken (Panko) oder Semmelbrösel
Sonnenblumen- oder Pflanzenöl, zum Frittieren
Zum Anrichten:
klein geschnittener Weißkohl, Zitronen, Senf, Salz, Tonkatsu-Sauce, Sojasauce (nach Geschmack)

## Harumis Tipp

Ob das Öl heiß genug ist, können Sie feststellen, indem Sie ein paar Brotflocken hineinstreuen. Wenn die Flocken erst zu Boden sinken und dann zurück an die Oberfläche steigen, ist die Temperatur niedrig. Wenn sie bis zur Mitte des Topfes sinken und dann wieder nach oben steigen, ist die Temperatur mittel. Wenn sie gleich oben bleiben, ist das Öl heiß.

Für Tonkatsu ist eine mittlere Temperatur am besten. Wenn Ihr Fleisch frisch ist, können Sie die vorbereiteten Tonkatsu-Stücke nach dem Panieren in Frischhaltefolie wickeln und einfrieren. In diesem Fall müssen sie vor dem Frittieren gut aufgetaut werden.

## Mini-Tonkatsu

Kleine Tonkatsu-Happen sind schnell gemacht und ein Riesenspaß beim Essen – bestens geeignet für Partys oder die Lunchbox.

**1** Das Fleisch in 2–3 cm große Würfel schneiden. Jungen Lauch in ebenso große Stücke schneiden. Mit Mehl bestauben und Fleisch und Lauch getrennt voneinander in Ei und Brotflocken wenden. Bei 160–170 °C in reichlich Öl kross frittieren. Einzeln auf Spießchen stecken und mit Ponzu-Sauce, Sudachi und Salz servieren.

# Hähnchenspieße

Yakitori

**Von Yakitori, den gegrillten japanischen Hähnchenspießen, haben wohl die meisten schon einmal gehört. Rezepte dafür gibt es unzählige, diese beiden hier aber sind die echten Klassiker. Sie können sie im Ofen grillen oder auf einem Holzkohlengrill, so wie in den meisten japanischen Restaurants. Es verleiht ihnen ein besonders rauchiges Aroma.**

FÜR 4 PERSONEN

100 g junger Lauch oder Frühlingszwiebeln
125 g ausgelöste Hähnchenschenkel mit Haut
8 Hähnchenflügel
200 g Hähnchenmägen oder -lebern
Salz und Pfeffer
Zitronen und Senf, zum Servieren

### Einfache Yakitori-Spieße

Dies ist die einfachste Art, Yakitori zuzubereiten. Die Spieße werden nur mit Salz und Pfeffer gewürzt. Alle Teile vom Hähnchen sind dafür geeignet, Sie sollten aber auf Abwechslung achten. Auf der Abbildung oben sind einfache Yakitori-Spieße mit Flügeln, Mägen und Schenkelfleisch mit jungem Lauch zu sehen. Wenn Sie keine Mägen auftreiben können oder sie nicht mögen, dann versuchen Sie es mit etwas anderem, etwa Leber.

### Harumis Tipp

Damit Holzspieße auf dem Grill nicht Feuer fangen, wickeln Sie Alufolie um die freien Enden. So lassen sie sich auch besser anfassen.

FÜR 4 PERSONEN

**Für die süße Yakitori-Sauce:**

100 ml Mirin
3 EL Sake
100 ml Sojasauce
50 g feiner Zucker

**Für die Hackfleisch-Yakitori (Tsukune):**

300 g gehacktes Hähnchenfleisch
100 g Zwiebeln, sehr fein gehackt
2 EL Sake
1 EL Mehl
Salz
etwas feiner Zucker
Ao-nori-Seetang, zum Garnieren

1 Den Lauch oder die Frühlingszwiebeln in 3 cm lange Stücke und das Schenkelfleisch in mundgerechte Stücke schneiden. Abwechselnd auf Spieße stecken.

2 Die Flügel längs halbieren und jeweils mit zwei oder drei Spießen zusammenstecken (siehe Foto). (Wenn noch Spitzen an den Flügeln sind, die praktisch kein Fleisch haben, dann entfernen Sie sie vorher. Aus ihnen koche ich Suppe, Seite 28.)

3 Die Mägen oder Lebern in mundgerechte Stücke schneiden und auf Spieße stecken.

4 Die vorbereiteten Spieße mit Salz und Pfeffer würzen und bei mittlerer Hitze grillen. Fertige Spieße sofort mit Zitronenspalten und etwas Senf servieren.

### Süße Yakitori-Sauce

Diese leicht gesüßte Sauce braucht man für die andere klassische Zubereitungsweise, die vor allem Kinder lieben. Man kann sie für die oben beschriebenen einfachen Yakitori verwenden, aber auch für die Variante mit Hackfleisch (Tsukune).

1 Für die Sauce in einem kleinen Topf Mirin, Sake, Sojasauce und Zucker vermischen. Bei mittlerer Hitze leicht einköcheln lassen. Beiseite stellen.

2 Für die Hackfleisch-Yakitori den Ofen auf 200 °C vorheizen. Ein Backblech mit Alufolie oder Backpapier auslegen. Alle Zutaten außer dem Ao-nori in einer Schüssel mit den Händen vermengen. Die Masse in acht Teile teilen und zu acht länglichen Rollen formen, auf das Blech legen und im Ofen 10 Minuten backen. Wenn das Fleisch gar ist, die Rollen auf Spieße stecken, mit der Sauce bestreichen und grillen. Ao-nori darüberbröseln und servieren.

**Anmerkung**

Ao-nori ist Nori-Seetang als Pulver oder Flocken, der auf vielen Speisen als Garnierung verwendet wird, etwa auf Okonomiyaki (pikante japanische Pfannkuchen).

# Teigtaschen auf chinesische Art

Gyoza

**Für Gyoza gibt es viele verschiedene Rezepte. Im Moment ist dieses mein Favorit. Nehmen Sie sich genug Zeit für die Vorbereitung der Zutaten, dann erzielen Sie die besten Ergebnisse. Ingwer, Knoblauch und Frühlingszwiebeln für die Füllung müssen so fein wie möglich gehackt werden. Ich verwende auch reichlich Nira und empfehle Ihnen, jeden Stängel erst längs zu halbieren, bevor Sie ihn fein hacken. Das mag Ihnen übertrieben penibel vorkommen, aber die Füllung bekommt dadurch eine bessere Struktur. Durch Kartoffelstärke werden die Teigtaschen knusprig. Gyoza passt auf jede Party, kann aber auch als Beilage in einem Menü serviert werden.**

FÜR 48 TEIGTASCHEN

100 g Weißkohl
100 g Chinakohl
1/2 TL Salz
100 g Schnittknoblauch (Nira) oder Frühlingszwiebeln und Knoblauch
200 Hackfleisch vom Schwein
2 EL Schweineschmalz (Zimmertemperatur)
100 ml heißes Wasser, vermischt mit 1 TL chinesischer Suppenpaste oder kräftige Instant-Hühnerbrühe
1 EL Sesamöl
1 EL Shokoshu oder trockener Sherry
2 Knoblauchzehen, fein gehackt
15 g frischer Ingwer, fein gehackt
50 g Frühlingszwiebeln, fein geschnitten
Salz und Pfeffer
48 dünne, runde Gyoza-Teigblätter (aus dem Asia-Laden)
Kartoffel- oder Speisestärke (nach Bedarf)
Sonnenblumen- oder Pflanzenöl

**Für die Dip-Sauce**

Sojasauce und Reisessig mit einigen Tropfen Chiliöl, z. B. La Yu (nach Geschmack)

**1** Die beiden Kohlsorten fein hacken. In einer Schüssel miteinander mischen, mit dem Salz würzen und beiseite stellen. Den Schnittknoblauch längs halbieren und fein hacken.

**2** In einer anderen Schüssel mit den Händen das Hackfleisch mit dem Schmalz vermengen. Die Brühe dazugeben und abkühlen lassen. Sesamöl, Shokoshu oder Sherry, Knoblauch, Ingwer und Frühlingszwiebeln untermischen, danach den Schnittknoblauch hinzufügen.

**Anmerkung**

Nira sieht wie dicker Schnittlauch aus und riecht stark nach Knoblauch. Es heißt auch Schnittknoblauch. Alternativ können Sie Frühlingszwiebeln oder Schnittlauch mit 1 Knoblauchzehe fein hacken.

**Frittierte Teigtaschen (für 24 Stück)**

Füllung auf ein Teigblatt geben, die Ränder anfeuchten und ein weiteres Teigblatt darauflegen. Die Ränder mit einer Gabel verschließen, dabei darf keine Luft in der Tasche bleiben. Die Gyoza in reichlich Öl frittieren, bis sie auf allen Seiten knusprig sind. Mit der Dip-Sauce servieren.

**3** Den Kohl ausdrücken, um überschüssiges Wasser zu entfernen. Zum Fleisch geben, mit Salz und Pfeffer würzen und vermischen.

**4** Die Füllung ist jetzt fertig. Sie können sie sofort verwenden oder über Nacht in den Kühlschrank stellen.

**5** Die Teigblätter auslegen und auf jedes einen gestrichenen Löffel voll Füllung geben. Die Teigblätter am Rand anfeuchten und zusammenfalten, um sie zu schließen (siehe Fotos oben).

**6** Jede Teigtasche mit etwas Kartoffel- oder Speisestärke bestauben. Wenig Öl in einer großen Pfanne erhitzen. Überschüssige Stärke von den Teigtaschen abschütteln, diese nebeneinander in die Pfanne legen.

**7** So viel Wasser auffüllen, dass es zu etwa ein Drittel der Höhe der Gyoza in der Pfanne steht. Zugedeckt bei mittlerer Hitze garen, bis das Wasser verdampft ist und die Unterseiten der Teigtaschen die Farbe wechseln.

**8** Den Deckel abnehmen und etwas Öl über die Gyoza träufeln. Weiter garen, bis die Unterseiten knusprig sind, dann die Teigtaschen wenden und auch die andere Seite bräunen. Auf einer großen Servierplatte anrichten.

**9** Für die Dip-Sauce die Sojasauce mit dem Reisessig und einigen Tropfen Chiliöl vermischen und zu den heißen Gyoza servieren.

# Hähnchen Pari Pari

**Ein wunderbares Gericht, das ganz einfach zuzubereiten ist – die Hauptarbeit erledigt der Ofen. Damit das Fleisch schön knusprig wird, müssen Sie die Haut nach der Hälfte der Backzeit mit Sesamöl bestreichen. Das Hähnchen schmeckt allein schon sehr lecker, vielleicht mögen Sie aber auch Worcestershiresauce dazu. Als Beilagen bieten sich eine Schale Reis und Gemüse an. Hähnchen Pari Pari kann sehr gut Teil eines Menüs sein; als Hauptmahlzeit für 4 Personen sollten Sie die Mengen etwas erhöhen.**

FÜR 4 PERSONEN

600 g Hähnchenschenkel mit Knochen und Haut
1 EL Shokoshu oder trockener Sherry
1 EL Sojasauce
2½ EL Sesamöl
1 TL frisch geriebener Knoblauch
Pfeffer
Worcestershiresauce (nach Belieben)

**1** Von den Hähnchenschenkeln die Knochen auslösen und die Haut leicht einschneiden.

**2** Shokoshu oder Sherry, Sojasauce, ½ Esslöffel Sesamöl, Knoblauch und Pfeffer zusammenmischen und das Fleisch etwa 15 Minuten darin marinieren.

**3** Den Ofen auf 220 °C vorheizen. Ein Backblech mit Alufolie auslegen und das Fleisch mit der Hautseite nach oben darauflegen. 20 Minuten im Ofen backen, dann herausnehmen und mit 2 Esslöffeln Sesamöl bestreichen. Weitere 10 Minuten backen, bis die Haut knusprig ist.

**4** Das Fleisch aus dem Ofen nehmen, noch heiß in kleinere Stücke schneiden und auf einer Servierplatte anrichten. Nach Belieben mit Worcestershiresauce servieren.

**Menüplanung**

Besonders gut passt das Hähnchen Pari Pari zu dem gemischten Reis mit Paprika und Krebsfleisch (Seite 46), der klaren Suppe mit Wan Tan (Seite 28) und der gebackenen Papaya mit Kokosmilch (Seite 134).

# Hähnchensalat mit grünen Bohnen

**Hähnchenbrust mit Sake, Ingwer und Frühlingszwiebeln zu kochen, verleiht dem Fleisch einen sehr interessanten, feinen Geschmack. Auf einem Sommerfest oder als Teil eines Festmahls ist dieser Salat immer ein Gewinn.**

FÜR 4 PERSONEN

250 g Hähnchenbrust
1 Frühlingszwiebel, nur der grüne Teil
10 g Ingwer, zerstoßen
1 EL Sake
200 g grüne Bohnen
3 EL Mayonnaise
1 EL Milch
1 TL Instant-Hühnerbrühe (Pulver)
Salz und Pfeffer

**1** Um die benötigte Menge Wasser zu messen, die Hähnchenbrust in einen kleinen Topf legen und mit kaltem Wasser bedecken. Das Fleisch herausnehmen, das Wasser zum Kochen bringen und das Fleisch zusammen mit der Frühlingszwiebel, dem Ingwer und Sake wieder hineingeben. Gar köcheln lassen, das Fleisch herausnehmen und abkühlen lassen.

**2** Die Bohnen entfädeln und schräg halbieren. Für ein paar Minuten in kochendes Wasser geben, aber nicht zu lange kochen. Abgießen, trockentupfen und klein schneiden.

**3** Bohnen und Fleisch in eine Schüssel legen. Mayonnaise, Milch und Instant-Brühe mischen und Bohnen und Fleisch damit vermengen. Mit Salz und Pfeffer würzen und servieren.

# Hähnchenfleisch mit Soja-Balsamico-Dressing

**Eine ungewöhnliche Aromenkombination, aber ich finde, sie schmeckt ausgezeichnet. Dieses Gericht ist schnell zubereitet, und die meisten Zutaten haben Sie wahrscheinlich sowieso vorrätig. Ideal für hektische Werktage.**

FÜR 4 PERSONEN
2 EL Sojasauce
1 EL Balsamico-Essig
1 Knoblauchzehe, in Scheiben geschnitten
grob gemahlener schwarzer Pfeffer
500 g ausgelöste Hähnchenschenkel mit Haut
Sonnenblumen- oder Pflanzenöl
einige Basilikumblätter, zum Garnieren

**Für den sautierten Weißkohl:**
200–250 g Weißkohl
1 EL Sonnenblumen- oder Pflanzenöl
1 EL Butter
Salz und Pfeffer

**1** Sojasauce, Balsamico-Essig, Knoblauch und Pfeffer in einer Schüssel miteinander verrühren. Das Hähnchenfleisch schräg in mundgerechte Stücke schneiden und etwa 30 Minuten in der Mischung marinieren.
**2** Etwas Öl in einer Pfanne erhitzen und das Fleisch darin von beiden Seiten braten, so dass es rundum angebräunt ist.
**3** Für den sautierten Kohl den Weißkohl putzen, waschen und in relativ große Stücke schneiden. Das Öl und die Butter in einem Wok oder einer Pfanne erhitzen, den Kohl hineingeben und pfannenrühren, bis er gar ist. Mit etwas Salz und Pfeffer würzen.
**4** Den Kohl auf einen Servierteller legen und das Hähnchenfleisch darauf anrichten. Alle Bratflüssigkeit aus der Pfanne darübergießen und mit ein paar Basilikumblättern garnieren.

# Teriyaki-Hamburger

**Für diese Hamburger verwende ich rohe Zwiebeln, dadurch bekommen sie mehr Biss und einen kräftigeren Geschmack. In Japan essen wir Hamburger gerne so, mit Teriyaki-Sauce übergossen und Reis und Gemüse als Beilage. Auch für die Lunchbox (Bento) sind sie fantastisch. Für eine andere Geschmacksnote nehmen Sie statt Teriyaki-Sauce Ponzu-Sojasauce. Teriyaki-Sauce passt zu fast allem, am besten zu Fleisch und Fisch.**

FÜR 8 HAMBURGER

20 g japanische Brotflocken (Panko; ersatzweise Semmelbrösel)
100 ml Milch
350 g Hackfleisch vom Rind
150 g Hackfleisch vom Schwein
200 g Zwiebeln, fein gehackt
1 Ei
1/2 TL Salz
Pfeffer
1/2 EL Butter
4–5 EL Teriyaki-Sauce (siehe unten)

**Für die Teriyaki-Sauce:**

200 ml Mirin
100 ml Sojasauce
1 1/2–2 EL feiner Zucker

## Harumis Tipp

Große Hamburger wie diese brät man am besten im Ofen. Sie werden in der Pfanne angebräunt und im Ofen fertig gegart – eine narrensichere Methode. Während die Hamburger im Ofen sind, bereiten Sie das Gemüse zu. Kleinere Fleischbällchen, etwa für Bento, gehen dagegen in der Pfanne einfacher. In diesem Fall gießen Sie die Teriyaki-Sauce in der Pfanne über die Hamburger, sobald sie fertig sind.

1 Die Brotflocken in einer kleinen Schale mit der Milch übergießen, so dass die gesamte Flüssigkeit aufgesogen wird. In einer größeren Schüssel das gesamte Fleisch mit den Zwiebeln, den eingeweichten Brotflocken und dem Ei vermischen. Salzen und pfeffern und mit den Händen gut zu einer klebrigen Masse verarbeiten. In acht Teile teilen und diese zu Hamburgern formen. Mit den Händen etwas auf die Seiten klopfen, damit sie schön fest werden.

2 Den Ofen auf 230 °C vorheizen. Die Butter bei mittlerer Hitze in einer ofenfesten Pfanne zerlassen. Die Hamburger auf beiden Seiten anbräunen, dann in den Ofen schieben und in etwa 15 Minuten fertig garen.

3 Für die Teriyaki-Sauce den Mirin bei schwacher Hitze 1–2 Minuten erwärmen, dann Sojasauce und Zucker zugeben und 1–2 Minuten köcheln lassen.

4 Die Sauce über die fertigen Burger gießen und auf einem Gemüsebett servieren.

**Menüplanung**

Eine Grundlage aus einfachem Gemüse wie auf dem Foto auf Seite 76 scheint mir das Passende für diese Hamburger zu sein. Ich habe dafür 200 g Kartoffeln, 100 g Möhren, 10 grüne Bohnen und 250 g Brokkoli verwendet. Die Kartoffeln schälen und in mundgerechte Stücke schneiden, dann kurz in kaltem Wasser einweichen und abgießen. Möhren, Bohnen und Brokkoli getrennt voneinander kurz vorkochen, dann zusammen mit den Kartoffeln in 1 EL Öl in einer Pfanne schön knackig sautieren. Mit etwas Salz und Pfeffer würzen.

# Geflügelhäppchen in Sesamhülle

**Anstelle von Flügeln können Sie hierfür auch entbeinte Hähnchenschenkel oder -brust verwenden. Diese Häppchen schmecken warm oder kalt und eignen sich auch sehr gut für die Lunchbox (Bento).**

FÜR 4 PERSONEN
8 Hähnchenflügel mit Haut
1/2 EL Sojasauce
1/2 EL Shokoshu oder trockener Sherry
Sonnenblumen- oder Pflanzenöl, zum Frittieren
geröstete weiße und schwarze Sesamsamen
Limettenspalten, zum Servieren

**Für die Sauce:**
50 ml Sojasauce
3 EL feiner Zucker
2 EL Shokoshu oder trockener Sherry
1 Sternanis

1 Das Hähnchenfleisch unter fließendem Wasser abspülen und trockentupfen. Die Flügelspitzen am ersten Gelenk abtrennen – daraus können Sie Suppe machen (Seite 28). Die anderen Teile mehrmals mit einer Gabel einstechen und etwa 10 Minuten in Sojasauce und Shokoshu oder Sherry marinieren.

2 Für die Sauce in einem kleinen Topf Sojasauce, Zucker, Shokoshu oder Sherry und Sternanis erhitzen, bis die Flüssigkeit etwas eindickt.

3 Das Hähnchenfleisch aus der Marinade nehmen und trockentupfen. Das Öl in einem Wok oder einer tiefen Pfanne erhitzen. Das Fleisch hineingeben und bei schwacher Hitze frittieren, bis es fast gar ist. Zum Schluss die Hitze hochschalten und das Fleisch garen, bis es knusprig ist.

4 Die heißen Fleischstücke aus dem Öl nehmen und mit einer Seite in die Sauce tauchen (siehe Tipp). Sofort mit dieser Seite in die gerösteten Sesamsamen legen und gut andrücken, damit die Körner am Fleisch kleben bleiben. Mit Limettenspalten servieren.

**Harumis Tipp**
Die Sauce ist recht reichhaltig, darum entscheiden Sie selbst, ob Sie die Hähnchenhappen ganz umhüllen wollen oder nur auf einer Seite.

# Teriyaki-Hähnchen

**Teriyaki-Sauce kann man fertig in Flaschen kaufen, aber auch ganz einfach selbst herstellen. Sie ist sehr vielseitig, passt zu Schweine- und Rindfleisch, zu Lachs oder Makrele. Teriyaki-Hähnchen schmeckt fast jedem, egal, ob warm oder kalt.**

FÜR 4 PERSONEN
500 g Hähnchenbrust mit Haut
Salz und Pfeffer
1/2 EL Sonnenblumen- oder Pflanzenöl
2–3 EL Teriyaki-Sauce (Seite 76)
gemischter Salat, zum Servieren
Senf, zum Servieren

1 Das Hähnchenfleisch leicht mit Salz und Pfeffer würzen. Das Öl bei mittlerer Hitze in einer Pfanne heiß werden lassen, das Fleisch auf beiden Seiten darin anbräunen und fertig garen.

2 Die Teriyaki-Sauce dazugießen und weiter garen, bis sie glasiert ist und das Fleisch gut überzogen hat. Vom Herd nehmen. Das Fleisch in Scheiben schneiden und mit einem knackigen Salat und etwas Senf servieren. Mit der restlichen Flüssigkeit aus der Pfanne übergießen.

### Harumis Tipp

Damit Salat besonders schön und knackig wird, legen Sie die Blätter kurze Zeit in Eiswasser, bevor Sie sie abgießen und trockentupfen. Wenn sie ganz trocken sind, bleiben so vorbehandelte Salatblätter gut einen Tag frisch und knackig, wenn man sie in einem Frischhaltebeutel luftdicht im Kühlschrank aufhebt.

# Kurz gebratenes Steak mit zwei japanischen Dressings

**Wer mein erstes Buch gelesen hat, weiß, dass ich Steak mag. In diesem Rezept werden dazu zwei verschiedene Dressings serviert, die beide ausgesprochen japanisch sind.**

FÜR 4 PERSONEN

Für die Zitrus-Soja-Sauce:
(muss am Tag zuvor zubereitet werden)
100 ml Harumis Sojasauce für alle Anlässe (Seite 33)
1 TL Sichuanpfeffer
1 unbehandelte Sudachi oder Zitrone/Limette, in Scheiben geschnitten

**Für die Shiso-Mayonnaise:**
50 ml Mayonnaise
2 EL Milch
etwas Instant-Hühnerbrühe (Pulver), Pfeffer und helle Sojasauce
20 Shiso-Blätter oder eine Mischung aus frischer Minze und Basilikum, grob gehackt

**Für das Kartoffelpüree:**
300 g Kartoffeln
1 EL Butter
200 g Sahne
etwas Salz, Pfeffer und Instant-Hühnerbrühe (Pulver)

**Für die Steaks:**
2 Lendensteaks, 3 cm dick
Salz und Pfeffer
1 TL frisch geriebener Knoblauch
etwas Sonnenblumen- oder Pflanzenöl
Wasabi (nach Geschmack)
Sudachi oder Zitrone/Limette (nach Geschmack)

**1** Für die Zitrus-Soja-Sauce Harumis Sojasauce für alle Anlässe mit dem Sichuanpfeffer und den Zitrusfrucht-Scheiben in einen kleinen Topf geben und über Nacht ziehen lassen.
**2** Für die Shiso-Mayonnaise in einem kleinen Topf Mayonnaise, Milch, Instant-Hühnerbrühe, Pfeffer und helle Sojasauce mischen. Die Shiso-Blätter kurz vor dem Servieren einrühren.
**3** Für das Kartoffelpüree die Kartoffeln schälen, in mundgerechte Stücke schneiden und 5–6 Minuten in kaltes Wasser legen, um überschüssige Stärke abzuspülen. Abgießen und in ein mit Küchenpapier ausgelegtes mikrowellengeeignetes Gefäß geben. Zugedeckt etwa 5 Minuten in der Mikrowelle (600 W) garen.
**4** Die Kartoffeln in eine Schüssel geben und stampfen, solange sie noch heiß sind. Butter und Sahne hinzufügen und alles zu Püree verarbeiten. Mit Salz, Pfeffer und Instant-Hühnerbrühe würzen.
**5** Das Fleisch salzen und pfeffern und mit dem geriebenen Knoblauch einreiben. Etwas Öl in einer Pfanne stark erhitzen. Die Steaks auf beiden Seiten anbräunen und nach Belieben durchbraten.
**6** Die Steaks in mundgerechte Stücke schneiden und auf einer Servierplatte oder Tellern anrichten. Mit Kartoffelpüree, den beiden Saucen und nach Geschmack Wasabi und Zitrusspalten servieren.

**Harumis Tipp**
Das Fleisch sollte vor dem Braten Zimmertemperatur haben. Dadurch lässt sich die Garzeit einfacher bestimmen. Ich rate auch, beide Seiten bei sehr starker Hitze zu braten.

# Frittiertes Hähnchen mit Frühlingszwiebelsauce

**Meine Familie ist ganz verrückt nach diesem Gericht, und als ich das Rezept veröffentlichte, ging es meinen Lesern genauso. Es eignet sich sehr gut für Partys. Wenden Sie das Fleisch in reichlich Kartoffelstärke, nehmen Sie sich genug Zeit zum Frittieren, und es wird immer gelingen. Die würzige Frühlingszwiebelsauce passt perfekt dazu.**

FÜR 4 PERSONEN

500 g ausgelöstes Schenkelfleisch vom Hähnchen
1 EL Sojasauce
1 EL Shokoshu oder trockener Sherry
Pfeffer
Kartoffel- oder Speisestärke
Sonnenblumen- oder Pflanzenöl, zum Frittieren
Eisbergsalat, grob gehackt, zum Servieren

**Für die Frühlingszwiebelsauce:**

½ EL Sonnenblumen- oder Pflanzenöl
50 g Frühlingszwiebeln, grob gehackt
1 getrocknete rote Chilischote
oder ½ große frische Chilischote, gehackt
100 ml Sojasauce
1 EL Shokoshu oder trockener Sherry
1 EL Reisessig
1½ EL feiner Zucker

**1** Das Fleisch durch die Haut mit einer Gabel mehrmals einstechen. Sojasauce, Shokoshu oder Sherry und Pfeffer in einer Schüssel mischen und das Fleisch darin 10–15 Minuten marinieren. Gut abtropfen lassen und in reichlich Stärke wenden.

**2** Das Fleisch in 170 °C heißem Öl frittieren, bis es knusprig und gar ist. Nicht zu viel auf einmal hineingeben, da sonst das Öl zu stark abkühlt. Auf Küchenpapier gut abtropfen lassen und in etwa fingergroße Stücke schneiden.

**3** Für die Frühlingszwiebelsauce das Öl in einer Pfanne erhitzen. Frühlingszwiebeln und Chili unter ständigem Rühren schnell anbraten, dann Sojasauce, Shokoshu oder Sherry, Reisessig und Zucker dazugeben und sofort vom Herd nehmen.

**4** Den Salat in Eiswasser tauchen, damit er knackig wird, trockentupfen und auf eine Servierplatte legen. Das Fleisch darauf anrichten und mit der Sauce übergießen. Sofort servieren.

## Harumis Tipp

Lassen Sie das frittierte Fleisch noch eine kleine Weile ruhen, nachdem alles überschüssige Öl abgetropft ist. Während es dabei noch etwas nachgart, kann sich sein Saft im Inneren sammeln. Passen Sie dann trotzdem beim Schneiden auf, dass Sie sich nicht die Finger verbrennen.

# Kartoffel-Fleisch-Eintopf

Nikujaga

**Dieser traditionelle Eintopf hat eine leicht salzig-süße Note. Das ist der Geschmack der echten Hausmannskost. Die Kartoffeln sind weich und flockig, die Zwiebeln dick und stückig. Ich mag den festen Biss von dick geschnittenen Zwiebeln in diesem Gericht.**

1 Die Kartoffeln schälen und in gleich große Stücke schneiden – wie für Bratkartoffeln. 5–6 Minuten in kaltes Wasser legen, um überschüssige Stärke zu entfernen, dann abgießen.

2 Die Zwiebeln schälen und in je 6 Spalten schneiden, das Fleisch in mundgerechte Stücke schneiden.

3 In einem großen Topf das Öl erhitzen. Die Kartoffeln unter Rühren darin anbraten, Zwiebeln und Fleisch dazugeben und einige Minuten mitbraten.

4 Dashi, Sojasauce, Zucker, Mirin und Sake in den Topf geben und köcheln lassen. Allen Schaum abschöpfen, dann einen Auflegedeckel (siehe Tipp) in den Topf legen. Köcheln lassen, bis die Kartoffeln gar sind.

5 Schmecken Sie den Eintopf vor dem Servieren ab. Für einen kräftigeren Geschmack mehr Sojasauce und Zucker zugeben. In Suppenschalen servieren.

FÜR 4 PERSONEN

750 g Kartoffeln
400 g Zwiebeln
200 g fein geschnittenes Rindfleisch
1 EL Sonnenblumen- oder Pflanzenöl
400 ml Dashi-Brühe oder leichter Fischfond
75 ml Sojasauce
3 EL feiner Zucker
2 EL Mirin
1 EL Sake

**Harumis Tipp**

Der traditionelle japanische Auflegedeckel ist aus Holz und wird in den Topf direkt auf das Gargut gelegt. Er fördert das gleichmäßige Garen von Zutaten in Suppe oder Brühe. Heute verwendet man meist zugeschnittene Alufolie oder Pergamentpapier. Schneiden Sie einen Kreis aus, der ein wenig kleiner ist als der Innendurchmesser Ihres Topfes. In die Mitte schneiden Sie eine kleine Öffnung, damit der Dampf entweichen kann (Seite 16).

# Rindfleisch-Kartoffel-Kroketten

**Kroketten sind in Japan sehr beliebt. Sie werden mit allem Möglichen gefüllt und können in fast jeder Mahlzeit auftauchen, sogar in der Lunchbox (Bento). Schon als Kind habe ich Rindfleisch-Kartoffel-Kroketten ganz besonders gemocht. Der Kontrast von knuspriger Hülle und weicher Füllung ist ein Genuss für sich. Je nach Lust und Laune mache ich sie in ganz unterschiedlichen Formen. Unabhängig von der Form aber gehört, wie bei Tonkatsu, unbedingt klein geschnittener Weißkohl dazu. Und mit ein paar Basilikum- oder Shiso-Blättern bekommt der Kohl eine ungewöhnliche Note.**

FÜR 4 PERSONEN

750 g Kartoffeln
200 g Zwiebeln
300 g Hackfleisch vom Rind
Salz und Pfeffer
40 g Butter
Mehl, verquirltes Ei und japanische Brotflocken (Panko; ersatzweise Semmelbrösel), zum Panieren
Sonnenblumen- oder Pflanzenöl, zum Frittieren
Basilikum (nach Geschmack)
klein geschnittener Weißkohl (nach Geschmack)
Tonkatsu-Sauce (nach Geschmack)

### Harumis Tipp

Die Masse ist recht weich, darum achten Sie darauf, dass Ihnen die Kroketten beim Frittieren nicht zerbrechen. Wenden Sie sie vorsichtig, sie sollen gleichmäßig braun werden. Die Menge der Brotflocken hängt von der Größe Ihrer Kroketten ab. Als Faustregel können Sie aber davon ausgehen, dass für dieses Rezept etwa 70 g Brotflocken benötigt werden.

1 Die ungeschälten Kartoffeln waschen, halbieren, in Mikrowellenfolie wickeln und 9 Minuten in der Mikrowelle (600 W) garen, wenn nötig, etwas länger. Noch heiß schälen und stampfen.

2 Die Zwiebeln schälen und in 1 cm große Würfel schneiden. Das Fleisch leicht salzen und pfeffern. Die Butter in einer Pfanne erhitzen und das Fleisch schnell darin braten. Die Zwiebeln zufügen und mitgaren, bis sie glasig geworden sind.

3 Fleisch, Zwiebeln und den Bratensaft aus der Pfanne zu den Kartoffeln geben, salzen, pfeffern und alles gut vermischen.

4 Die ganze Masse zu Kroketten verarbeiten oder je eine Hälfte für Kroketten-Pastete (Seite 87) und Kroketten verwenden.

5 Aus der Kartoffel-Fleisch-Masse Kugeln (siehe Foto) formen. Zum Panieren nacheinander in Mehl, Ei und Brotflocken wenden.
6 Das Öl auf 170 °C erhitzen und die Kroketten kross frittieren.
7 Kurz vor dem Servieren das Basilikum zerkleinern und mit dem fein geschnittenen Weißkohl vermischen. Die Kroketten neben dem Kohl anrichten und servieren. Meist träufelt man vor dem Essen noch Tonkatsu-Sauce darüber.

## Kroketten-Pastete

Mit einem frischen grünen Salat sehr schön als Frühstück oder für einen Brunch am Wochenende

**Für 1 Pasteten- oder Pie-Form mit 21 cm Ø**
**Für den Teig:**
150 g Mehl
80 g Butter, in 1 cm große Würfel geschnitten
1/3 TL Salz
1 Ei
etwas Mehl, zum Bestauben

1/2 Rezept für Rindfleisch-Kartoffel-Kroketten-Masse (Seite 86)
2 EL japanische Brotflocken (Panko; ersatzweise Semmelbrösel)
15 g Butter
Ketchup, Tonkatsu-Sauce, Mayonnaise und Senf, zum Servieren

1 Alle Teigzutaten und die Rührschüssel gut kühlen, bevor Sie beginnen. Wenn alles richtig kalt ist, Mehl und Butter in die Schüssel geben. Die Butter mit einem breiten Messer oder einem Löffel im Mehl zerkleinern, dann mit den Fingerspitzen in das Mehl einarbeiten, bis die Mischung groben Brotbröseln ähnelt. Das muss schnell geschehen, damit der Teig schön mürbe wird. Leicht salzen, dann das verquirlte Ei hinzufügen.
2 Den Teig zu einer Kugel formen, in Frischhaltefolie wickeln und eine Zeit lang im Kühlschrank ruhen lassen.
3 Eine Arbeitsfläche bemehlen und den Teig darauf so ausrollen, dass er etwas größer ist als die Form. Den Teig in die Form legen, überstehende Ränder abschneiden. Wieder im Kühlschrank ruhen lassen. Den Ofen auf 180–200 °C vorheizen.
4 Den Teig mit einer Gabel mehrmals einstechen und mit Backpapier bedecken. Mit trockenen Hülsenfrüchten füllen und 15 Minuten blindbacken. Hülsenfrüchte und Papier entfernen, weitere 8 Minuten backen. Herausnehmen, den Ofen anlassen.
5 Die Kartoffel-Fleisch-Mischung in der Mikrowelle aufwärmen, wenn nötig. Auf den heißen Teig geben und mit Brotflocken und Butterflocken bestreuen. 10 Minuten im Ofen backen, bis die Pastete durchgewärmt ist. Zwischendurch prüfen, ob die Kanten nicht anbrennen – gegebenenfalls mit Alufolie abdecken.
6 Die fertige Pastete aus der Form nehmen und nach Belieben mit Ketchup, Tonkatsu-Sauce, Mayonnaise und/oder Senf servieren.

# Fisch & Meeresfrüchte

# Sashimi

Der Hauptunterschied zwischen Sushi und Sashimi, den beiden bekanntesten Speisen Japans, ist, dass Sashimi-Fisch immer roh ist und nicht auf Reis liegt. Die Frische und der Variantenreichtum von Sashimi verkörpern perfekt die Prinzipien der japanischen Küche.

In den meisten Metropolen dieser Welt werden Sie japanische Spezialgeschäfte finden, die Fisch in Sashimi-Qualität verkaufen. Ich kann Ihnen nur empfehlen, sich an sie zu halten. Aber auch Fischhändler führen inzwischen häufig wirklich erstklassig frische Ware.

Fisch darf beim Kauf nie fischig riechen. Die Augen müssen klar, die Kiemen sauber, das Fleisch darf in keiner Weise klebrig sein. Süßwasserfisch sollten Sie wegen der Parasitengefahr nicht nehmen. Wenn Sie Zweifel haben, machen Sie lieber keine Sashimi.

Gelungen auf einem passenden Teller angerichtet, kann Sashimi ein Kunstwerk sein. Sie brauchen außerdem Schälchen für Sojasauce und Wasabi, die gemischt werden und als Dip dienen. Unter die Sashimi wird gern klein geschnittener Daikon (weißer Rettich) gelegt (siehe Fotos links) – als leckere Beilage, aber auch wegen der Ästhetik. Dasselbe gilt für Shiso-Blätter. Je fester der Fisch ist, desto feiner muss er geschnitten werden. Sashimi kann Vorspeise sein, mit weißem Reis und Misosuppe aber auch Hauptgericht.

# Thunfisch-Sashimi in Misodressing

**Es gibt unzählige einfache Möglichkeiten, Sashimi zu servieren. Diese Variante mit schmackhaftem Misodressing passt besonders gut in den Frühling, etwa als Teil einer Menüfolge. Für einen volleren Geschmack können Sie auch Lachskaviar (Ikura) hinzufügen.**

FÜR 2–3 PERSONEN

100 g roher Thunfisch in Sashimi-Qualität (mittel-fetter »Chu Toro«)
70 g Wakegi oder Frühlingszwiebeln oder Schnittlauch
3 EL rotes Miso
1½ EL feiner Zucker
½ EL Mirin
1 TL Reisessig
etwas Senf (nach Geschmack)
15 g frisch geriebener Ingwer, zum Servieren

**1** Den Thunfisch in 2 cm große Würfel schneiden. Die Wakegi-zwiebeln in einem kleinen Topf kurz kochen und in 3–4 cm lange Stücke schneiden.

**2** In einer Schüssel Miso, Zucker, Mirin, Reisessig und Senf miteinander vermischen. Den Thunfisch vorsichtig unterheben, so dass er vollständig mit dem Dressing überzogen ist.

**3** Thunfisch und Wakegi in Portionsschälchen anrichten und mit dem geriebenen Ingwer garnieren.

**Anmerkung**

Thunfisch in Sashimi-Qualität wird nach seinem Fettgehalt in verschiedene Kategorien eingeteilt. Der fetteste und damit begehrteste heißt »O-Toro«, die nächste Stufe ist »Chu Toro«, mittelfett.

Wakegi ist eine Art Frühlingszwiebel, die in der japanischen Küche häufig für Suppen verwendet wird. Gekocht kann sie einen leicht schleimigen Überzug bekommen, der aber einfach mit einem Messer abzuschaben ist.

# Harumis Thunfisch-Tataki-Salat

**Tataki ist eine sehr beliebte Zubereitungsart für Fleisch oder Fisch: Ganz kurz scharf anbraten und praktisch roh mit einer Auswahl an Würzzutaten und Dips verspeisen. Dieser Tataki-Salat bietet eine Fülle von verschiedenen Geschmäckern und Konsistenzen und sieht dazu noch gut aus. Ihrer Kreativität sind keine Grenzen gesetzt.**

FÜR 4 PERSONEN

100 g roher Thunfisch in Sashimi-Qualität (mittelfetter »Chu Toro«)
Salz
Sonnenblumen- oder Pflanzenöl

**Empfohlene Zutaten zum Servieren:**

fein geschnittene Zwiebeln, etwa 3 cm lange dünne Streifen von Gurke, Möhre und Daikon, in Eiswasser getaucht und trockengetupft
klein geschnittene Shiso-Blätter oder eine Mischung aus frischer Minze und Basilikum, Benitade, Hojiso (siehe Anmerkung)
Ikura (Lachskaviar)
Salz, Pfeffer, Olivenöl, Parmesan
Sudachi- oder Zitronen-/Limettensaft

**Anmerkung**

Benitade (Polygonum hydropiper, auf deutsch Wasserpfeffer) ist eine Pflanze mit kleinen violetten Blättern und pfeffrigem Aroma. Die Blätter werden oft zusammen mit Wasabi in Sojasauce gemischt und dienen als Dip für Sashimi. Das vietnamesische Polygonum ist etwas milder.

Auch Hojiso wird häufig als aromatisierende Zutat verwendet. Es handelt sich um die Triebe von Shiso-Pflanzen. Sie werden vom Stängel abgestreift und in die Sauce gegeben (siehe Foto Seite 90 rechts unten).

**1** Den Thunfisch mit Salz würzen. Etwas Öl in einer Pfanne stark erhitzen. Den Thunfisch kurz scharf anbraten, herausnehmen und beiseite stellen.

**2** Eine Auswahl der empfohlenen Gemüsezutaten in kleinen Schälchen anrichten. Den Fisch in Scheiben schneiden und jeweils darauflegen. Mit den Kräutern und Lachskaviar garnieren und nach Geschmack mit Salz, Pfeffer, Olivenöl und Sudachisaft würzen.

# Top Sushi

**Ich habe dieses Rezept für das japanische Mädchenfest erfunden, das jedes Jahr am 3. März gefeiert wird. Speziell für Kinder zu kochen, macht mir immer große Freude, aber dieses Sushi-Rezept ist auch bei Erwachsenen beliebt. Es ist etwas zeitaufwendig, aber die Kombination der Aromen ist umwerfend, und es sieht einfach fantastisch aus.**

FÜR 4 PERSONEN
Für den Sushi-Reis:
480 g roher japanischer Reis
600 ml Wasser
100 ml Sushi-Reisessig

**Für die Rindfleisch-Mischung:**
100 g fein geschnittenes Rindfleisch
50 g Möhren, geschält
4 getrocknete Shiitake-Pilze
1½ EL Sojasauce
1 EL Sake
1 EL Mirin
2 TL feiner Zucker

**Für die Crêpes:**
2 Eier
1 TL feiner Zucker
½ TL Sake
helle Sojasauce
Sonnenblumen- oder Pflanzenöl

**Sushiauflagen:**
roher Fisch in Sashimi-Qualität (mittelfetter Thunfisch), weißer Fisch, Kalmar und Jakobsmuscheln
Mitsuba-Blätter oder Koriandergrün, gehackt
Wasabi und Sojasauce (nach Geschmack)

**1** Den Reis waschen und in dem Wasser kochen, so dass er etwas bissfester als normal ist. So eignet er sich am besten für Sushi.

**2** Für die Fleischmischung das Rindfleisch in 2 cm große Rechtecke schneiden. Die Möhren in dicke, 3 cm lange Stifte schneiden. Die Pilze in warmem Wasser einweichen, dann herausnehmen und leicht ausdrücken. 2 Esslöffel Einweichwasser zurückbehalten. Die Stiele entfernen und die Pilze in feine Scheiben schneiden.

**3** In einer kleinen beschichteten Pfanne das Fleisch schnell anbraten. Die 2 Esslöffel Einweichwasser, Sojasauce, Sake, Mirin und den Zucker dazugeben. Zum Kochen bringen, Möhren und Pilze hinzufügen und die Flüssigkeit vollständig einköcheln lassen.

**4** Den heißen gegarten Reis so vorsichtig mit dem Sushi-Essig vermischen, dass die Reiskörner nicht zerquetscht werden. Die Fleischmischung ebenfalls sorgfältig in den heißen Reis mischen.

**5** Für die Crêpes die Eier in einer Schüssel mit Zucker, Sake und Sojasauce vermischen. Etwas Öl in einer Pfanne erhitzen, überschüssiges Öl mit Küchenpapier wegwischen. So viel Ei-Mischung hineingießen, dass der Boden eben dünn bedeckt ist. Die Crêpe backen, bis sie fest, aber noch nicht knusprig ist. Weitere Crêpes backen, bis die Mischung aufgebraucht ist. Abkühlen lassen und in dünne Streifen schneiden.

**6** Den Kalmar mit einem scharfen Messer gitterförmig einschneiden. Alle Fische und Meeresfrüchte in mundgerechte Stücke schneiden.

**7** Die Fleisch-Reis-Mischung portionsgerecht zu kleinen Quadern formen. Fisch und Meeresfrüchte mit Crêpe-Streifen darauf anrichten und mit Mitsuba-Blättern, Sojasauce und Wasabi garnieren.

# Gegrillte aromatische Makrele

**Makrele ist ein wunderbarer Fisch, voller Geschmack und gesunden Inhaltsstoffen. Dieses Rezept bietet eine einfache und leckere Art, sie zuzubereiten. Wer könnte diesem Aroma und diesen herrlichen Farben widerstehen?**

FÜR 4 PERSONEN

- 2 EL Mirin
- 2 EL feiner Zucker
- 2 EL Sojasauce
- 1 EL Reisessig
- 1 EL Kochujan (siehe Anmerkung)
- 15 g Ingwer, geschält und in dünne Scheiben geschnitten
- 600 g frische Makrelenfilets, mit Haut
- 3–4 Blätter Weißkohl
- 25 g Butter
- Salz und Pfeffer
- in Ringe geschnittene Frühlingszwiebeln oder Schnittlauch, zum Servieren

**Anmerkung**

Kochujan ist eine würzige koreanische Misopaste. Ersatzweise können Sie rotes Miso mit Chilipaste mischen. Geben Sie nach und nach nur so viel Chilipaste zu, bis die Mischung Ihrem Geschmack entspricht.

**1** In einer Schüssel Mirin, Zucker, Sojasauce, Reisessig, Kochujan und Ingwer zu einer Marinade vermischen.

**2** Jedes Makrelenfilet schräg in drei Stücke schneiden. Leicht salzen, 5 Minuten ruhen lassen und trockentupfen. In die Marinade legen und etwa 30 Minuten beiseite stellen. Den Ofen auf 230 °C vorheizen.

**3** Ein Backblech mit Backpapier oder Alufolie auslegen und die Makrelenstücke mit der Hautseite nach oben darauflegen. In den Ofen schieben und 15 Minuten backen.

**4** In der Zwischenzeit die Weißkohlblätter waschen, vom Strunk befreien und in mundgerechte Stücke schneiden. Die Butter in einer Pfanne zerlassen und den Kohl schnell darin sautieren. Mit Salz und Pfeffer würzen.

**5** Die fertige Makrele aus dem Ofen holen.

**6** Den Kohl auf einer Servierplatte oder Portionstellern anrichten und den Fisch darauflegen. Mit reichlich Frühlingszwiebeln oder Schnittlauch bestreuen und servieren.

# Riesengarnelen in Chilisauce

Ebi Chillisauce

**Dieses ursprünglich chinesische Gericht wurde dem japanischen Geschmack angepasst und ist inzwischen fast ein Klassiker der japanischen Hausmannskost. Die besten Ergebnisse erzielen Sie mit den ganz großen King Prawns.**

FÜR 4 PERSONEN

12 frische ungeschälte Riesengarnelen (King Prawns, je etwa 25 g)
etwas Salz, Pfeffer, Shokoshu oder trockener Sherry und Sesamöl, zum Marinieren
2 EL Sonnenblumen- oder Pflanzenöl
50 g Frühlingszwiebeln, grob gehackt
1 EL fein gehackter frischer Ingwer
1/2 EL fein gehackter frischer Knoblauch
1/2–1 EL Chilipaste, z. B. To Ban Jan (nach Geschmack)
2 EL Kartoffel- oder Speisestärke, mit 2 EL Wasser verrührt
1 EL Sesamöl

**Für die Sauce:**

200 ml heißes Wasser
1 TL Instant-Hühnerbrühe (Pulver)
6 EL Ketchup
1 EL Shokoshu oder trockener Sherry
2 TL feiner Zucker
Salz
1 EL Reisessig

**Menüplanung**

Hierzu passen wunderbar japanischer Reis, Pak choi, Pickles und eine Suppe, etwa die klare Suppe mit Wan Tan von Seite 28.

1 Von den Garnelen Kopf, Schale und Schwanzsegment entfernen. Jede Garnele so biegen, dass der schwarze Darm frei liegt, und diesen mit einem Zahnstocher sorgfältig entfernen. Salz, Pfeffer, Shokoshu und Sesamöl mischen, die Garnelen darin marinieren.

2 Für die Sauce in einer Schüssel das heiße Wasser mit Hühnerbrühe, Ketchup, Shokoshu, Zucker, Salz und Reisessig mischen.

3 Das Öl in einem Wok erhitzen, die gehackten Frühlingszwiebeln, Ingwer und Knoblauch hineingeben und scharf anbraten. Wenn sich das Aroma entfaltet, die Chilipaste hinzufügen.

4 Die Garnelen dazugeben und scharf anbraten. Die Sauce hineingießen und zum Kochen bringen. Die Kartoffelstärke zufügen und etwas eindicken lassen. Zum Schluss zur Verstärkung des Aromas das Sesamöl einrühren und sofort servieren.

# Kalmarsalat auf japanische Art

**In Japan essen wir sehr viel Kalmare, wahrscheinlich sogar mehr als andere Meeresfrüchte. Mit der Ingwer-Soja-Sauce bekommt der Salat die echte japanische Note.**

FÜR 4 PERSONEN
700 g frische Kalmare
Salz und Pfeffer
2 EL Olivenöl
1 Knoblauchzehe, zerdrückt
gemischte Salatblätter (nach Geschmack)
Chilipulver oder Shichimi Togarashi (nach Geschmack)

**Für das Dressing:**
3 EL Sojasauce
1 EL frisch geriebener Ingwer
feiner Zucker (nach Geschmack)

1 Die Kalmare ausnehmen, die Tentakel abschneiden und die Körper gut abspülen. Die Tentakelspitzen entfernen und die restlichen Tentakel in mundgerechte Stücke schneiden. Die Körper in 1½ cm breite Ringe schneiden. Mit Salz und Pfeffer würzen.

2 Das Olivenöl in einer Pfanne erhitzen und den Knoblauch anbraten. Wenn sich sein Aroma entfaltet, die Kalmarstücke hineingeben und gar braten. Den Herd ausschalten, die Kalmare sofort aus der Pfanne nehmen und beiseite stellen.

3 Für das Dressing Sojasauce, Ingwer und Zucker in derselben Pfanne mit der verbliebenen Bratflüssigkeit gut verrühren. Der Zucker muss sich vollständig auflösen.

4 Die Salatblätter in mundgerechte Stücke zupfen. In Eiswasser tauchen, damit sie knackig werden. Abgießen, trockentupfen und in eine Schüssel füllen. Die Kalmarstücke darauflegen, das Dressing darübergießen und nach Geschmack mit Chilipulver oder Shichimi Togarashi bestreuen.

### Harumis Tipp

Damit die Kalmare zart bleiben, sollten sie aus der Pfanne genommen werden, sobald sie gar sind. In der heißen Pfanne garen sie weiter und werden hart.

# Eingelegte Makrele auf japanische Art

Shime Saba

**Dieses Gericht geht viel leichter, als Sie vielleicht denken. Es ist zwar eine traditionelle Neujahrsspeise, aber da es ein Lieblingsessen meines Mannes ist, mache ich es auch zu anderen Zeiten. Für dieses Rezept muss die Makrele absolut frisch sein, Reste können Sie aber am folgenden Tag grillen.**

FÜR 4 PERSONEN

600 g Makrelenfilets, mit Haut
4–6 EL Salz
200 ml Reisessig
2 EL feiner Zucker
helle Sojasauce
50 g Frühlingszwiebeln
10 Shiso-Blätter oder eine Mischung aus frischer Minze und Basilikum
Sojasauce, Senf oder Wasabi (nach Geschmack)

**1** Mit einer Pinzette alle Gräten aus den Makrelenfilets ziehen, dabei nicht das Fleisch beschädigen. Jede Seite mit 1–1 ½ TL Salz bestreuen und etwa 2 Stunden einziehen lassen. Dann das Salz sorgfältig unter fließendem Wasser abwaschen und die Filets trockentupfen.

**2** In einer Schüssel, die nicht aus Aluminium sein darf, den Reisessig mit dem Zucker und der hellen Sojasauce vermischen. Die Makrelenfilets darin 30 Minuten marinieren, gelegentlich wenden.

**3** Die Frühlingszwiebeln putzen und fein schneiden, in Wasser einlegen, um ihnen die Schärfe zu nehmen, und trockentupfen. Die Shiso-Blätter zerkleinern.

**4** Die durchsichtige Membran von der Fischhaut vorsichtig entfernen und wegwerfen. Die Filets in dicke Scheiben schneiden. Zusammen mit den Frühlingszwiebeln und den Shiso-Blättern auf einer Servierplatte anrichten und mit einer Dipsauce in kleinen Schälchen servieren. Ein schmackhafter Begleiter ist etwa Sojasauce, vermischt mit Senf oder Wasabi.

# Makrelenflocken mit Gemüse

Saba Soboro

**Die Makrelenflocken mit Gemüse von meiner Mutter habe ich schon als kleines Kind gern gegessen. Es ist ein sehr praktisches Rezept, da Sie den Fisch mit dem Gemüse in einer Pfanne garen können. Gleichzeitig ist es vielseitig. So zubereitete Makrele kann auf heißem Reis ebenso gut genossen werden wie kalt im Bento (Lunchbox).**

FÜR 2–4 PERSONEN

200 g frische Makrelenfilets
100 g Zwiebeln
50 g Möhren
3–4 getrocknete Shiitake-Pilze
15 g frischer Ingwer, geschält
1–2 EL Sonnenblumen- oder Pflanzenöl
1 EL Sake
1 EL feiner Zucker
2 EL Mirin
4 EL Sojasauce

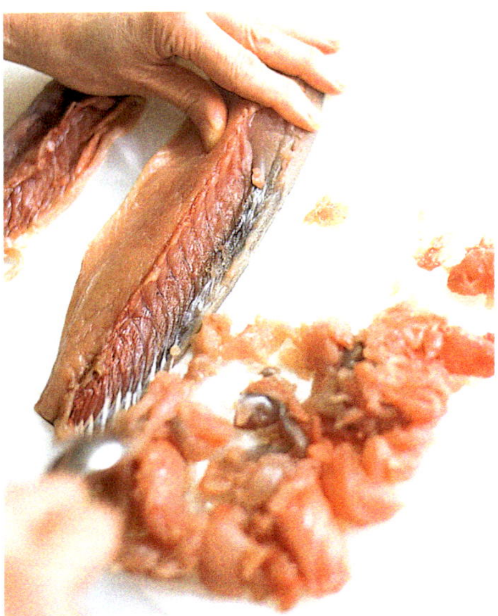

**1** Mit einem Löffel, oben beginnend, das Fleisch der Makrele von der Haut abschaben. Das Fleisch grob hacken und beiseite stellen.

**2** Zwiebeln und Möhren schälen und fein würfeln. Die getrockneten Pilze in Wasser einweichen, dann leicht ausdrücken, die Stiele entfernen und die Pilze grob hacken. Den Ingwer fein hacken.

**3** Das Öl in einer Pfanne erhitzen. Makrele und Ingwer darin braten. Sobald das Fleisch der Makrele trüb wird, in Flocken zerteilen. Zwiebeln, Möhren und Pilze hinzufügen und gut untermischen.

**4** Sake, Zucker, Mirin und Sojasauce dazugeben und köcheln lassen, bis alle Flüssigkeit verdampft ist; gelegentlich umrühren. Für eine etwas reichhaltigere Variante etwas weniger Sojasauce verwenden und dafür ½ Esslöffel Miso und noch 1 Esslöffel Sake einrühren.

FÜR 2 PERSONEN
2 Eier, verquirlt
2 TL feiner Zucker
1 TL Sake
Salz
Sonnenblumen- oder Pflanzenöl
7–8 Zuckerschoten
300 g gegarter Reis
200 g Makrelenflocken-Mischung (Seite 102)
Japanische Pickles, zum Servieren (Seite 126)

**Makrelenflocken mit Gemüse auf Reis** Saba Soboro Gohan

Kinder (und Männer) lieben diese Variante. Servieren Sie japanische Pickles dazu und streuen Sie Ao-Nori-Seetang darüber.

1 Die Eier mit Zucker, Sake und Salz vermischen. Etwas Öl in einer Pfanne erhitzen und das Ei zu einer Art Rührei braten.
2 Die Zuckerschoten kurz in kochendem Wasser blanchieren, abgießen und schräg in kleine Stücke schneiden.
3 Den gekochten Reis auf zwei Teller oder Schalen verteilen und mit der Makrelen-Mischung und dem Rührei bedecken. Mit den Zuckerschoten garnieren und zusammen mit Ihren Lieblings-Pickles servieren.

# Tintenfisch-Appetizer auf japanische Art

**Hier werden zarte Kalmar-Happen mit einem süßen Dressing kombiniert. Ein ungewöhnlicher Appetizer für eine ganz besondere Mahlzeit oder eine leckere Beilage.**

FÜR 4 PERSONEN

100 g roher Kalmar in Sashimi-Qualität
10 Shiso-Blätter oder eine Mischung aus frischer Minze und Basilikum
4 Kabosu-Früchte oder Limetten, ausgehöhlt, als Servierschalen

**Für das Dressing aus eingelegten Pflaumen:**

1 EL Pflaumenpaste (Bainiku; siehe Anmerkung)
1/2 EL Mirin
1/2 TL Sojasauce
frisch geriebener Daikon oder weißer Rettich (nach Geschmack)

**Anmerkung**

Pflaumenpaste (Bainiku) ist in japanischen Geschäften immer öfter erhältlich. Sie können sie aber auch selbst machen: große, weiche eingelegte Pflaumen (Umeboshi) entsteinen und pürieren.

1 Ihr Kalmar muss unbedingt Sashimi-Qualität haben, das heißt, absolut frisch, ausgenommen und gut gesäubert sein. Den Körper längs aufschneiden und in ganz feine Streifen schneiden.
2 Die Shiso-Blätter oder die Minze-Basilikum-Mischung fein hacken.
3 Für das Dressing die Pflaumenpaste in einer Schüssel mit dem Mirin und der Sojasauce vermischen. Passen Sie die Mengen je nach Salzigkeit der Pflaumenpaste selbst an.
4 Die Kalmarstreifen mit dem Dressing anmachen, anschließend die gehackten Shiso- oder Kräuter-Blätter untermischen.
5 In den ausgehöhlten Hälften von Kabosu-Früchten oder Limetten anrichten, mit geriebenem Daikon garnieren und servieren.

### Zitrusfrüchte als Servierschalen herrichten:

Ich verwende gern ausgehöhlte Fruchthälften, um darin Speisen wie diese oder eine ganze Reihe von anderen – salzigen wie süßen – Delikatessen zu servieren. Sogar Sake kann man daraus trinken.

1 Die Frucht halbieren oder auf die gewünschte Größe schneiden. Auf der Unterseite nur so viel abschneiden, dass eine Standfläche, aber kein Loch entsteht.
2 Mit einem Messer rundherum das Fruchtfleisch von der Schale trennen. Das Fruchtfleisch mit einem Löffel herausholen (es kann für andere Rezepte verwendet werden).
3 Diese Schalen können einen Tag im Voraus hergestellt werden. Sie sollten sie dann aber in feuchtes Küchenpapier packen, in Frischhaltefolie hüllen und im Kühlschrank aufheben.

# Sardinen mit eingelegten Pflaumen

**Frische Sardinen sehen nicht nur schön aus, sondern schmecken auch sehr gut. In diesem Rezept kombiniere ich sie mit zwei sehr japanischen Aromen, nämlich Ingwer und Umeboshi (eingelegte Pflaumen) – einfach köstlich.**

1 Lassen Sie schon im Fischgeschäft die Sardinen ausnehmen und die Köpfe entfernen. Zu Hause die Fische gut waschen und quer halbieren.

2 Den Ingwer schälen und in dünne Streifen schneiden.

3 In einer großen Pfanne Sojasauce, Sake, Mirin und Zucker vermischen und zum Kochen bringen. Die Sardinen nebeneinander in die Pfanne legen, die Umeboshi-Pflaumen darauf platzieren. Den Ingwer darüber verteilen.

4 Aus Alufolie oder Pergamentpapier einen Auflegedeckel zuschneiden (Seite 16) und die Sardinen in der Pfanne damit bedecken. Köcheln lassen, bis der Fisch gar ist, gelegentlich mit der Kochflüssigkeit übergießen.

5 In kleinen Schälchen anrichten, mit den Kinome oder Frühlingszwiebeln bestreuen und sofort servieren.

FÜR 4 PERSONEN
8 frische große Sardinen (je etwa 150 g)
15 g frischer Ingwer
100 ml Sojasauce
65 ml Sake
65 ml Mirin
3 EL feiner Zucker
3 Umeboshi (siehe Anmerkung)
gehackte Kinome oder Frühlingszwiebeln (nach Geschmack)

**Anmerkung**
Die in der Regel als eingelegte Pflaumen bezeichneten Umeboshi sind in Wirklichkeit eine Art Aprikosen. Es gibt zwei verschiedene Arten, kleine harte und große weiche. Letztere werden für dieses Rezept unbedingt benötigt – in japanischen Geschäften sollten Sie fündig werden.

# Pochierte Rotbrasse

**Wenn ich in Japan bin, mache ich dieses Rezept mit einem Fisch namens Kinmedai, der stark mit meiner Heimatstadt Shimoda verbunden ist. Man wird ihn außerhalb Japans aber kaum bekommen, darum habe ich ihn durch Rotbrasse ersetzt, die ähnlich schmeckt. Die leckere Sauce stammt von meiner Mutter. Mein Beitrag zum Rezept war nur, den Fisch in Stücke zu schneiden und mit Seetang und Klettenwurzel zu servieren.**

FÜR 4 PERSONEN

500 g Rotbrassenfilets, mit Haut
50 ml Sake
50 ml Mirin
50 ml Sojasauce
50 ml Wasser
3 EL feiner Zucker
15 g frischer Ingwer, in Scheiben geschnitten
5 g getrockneter Wakame-Seetang
gebratene Klettenwurzel (siehe Anmerkung)

**Für die gebratene Klettenwurzel:**

250 g Klettenwurzel
1 EL Sonnenblumen- oder Pflanzenöl
2 EL Sojasauce
2 EL Mirin
1 EL Sake
2 TL feiner Zucker

**Anmerkung**

Klettenwurzel (japanisch Gobo) als Gemüse bekommen Sie vielleicht tiefgefroren im japanischen Spezialitätengeschäft. Sie erinnert im Geschmack ein wenig an Topinambur und Artischocke; diese und Schwarzwurzeln wären ein Ersatz.

**1** Die Fischfilets in je 3–4 Stücke schneiden.

**2** In einem großen, flachen Topf Sake, Mirin, Sojasauce, Wasser und Zucker vermischen und zum Kochen bringen. Die Fischstücke nebeneinander in diesen Sud einlegen. Die Ingwerscheiben darüber verteilen.

**3** Den Sud wieder zum Kochen bringen, mit einem Auflegedeckel aus Alufolie oder Pergamentpapier (Seite 16) bedecken und 5–6 Minuten köcheln lassen. Wenn die Flüssigkeit auf gut die Hälfte eingekocht ist, vom Herd nehmen und kurze Zeit stehen lassen, damit der Fisch noch einen Teil der Flüssigkeit aufnehmen kann.

**4** Den Wakame-Seetang in Wasser einlegen, bis er weich ist. Abgießen, überschüssiges Wasser ausdrücken, grob hacken.

**5** Fisch und Ingwer aus dem Topf nehmen und mit dem Seetang und der Klettenwurzel auf einem Servierteller anrichten. Mit dem Rest der Flüssigkeit aus der Pfanne übergießen.

## Gebratene Klettenwurzel

**1** Die Klettenwurzel schälen und in 5–6 cm lange feine Streifen schneiden. 5–10 Minuten in Wasser einweichen. Abgießen und trockentupfen. Tiefgefrorene Wurzel auftauen lassen.

**2** Das Öl in einer Pfanne erhitzen. Die Wurzelstreifen hineingeben und unter ständigem Rühren scharf anbraten (pfannenrühren). Sojasauce, Mirin, Sake und Zucker einrühren und vollständig einkochen lassen. Vom Herd nehmen und zu dem Fisch servieren.

# Gegrillter Lachs im Yuan-Stil

Sake no Yuan Yaki

**Die Marinade erinnert an Teriyaki-Sauce, aber die Yuzu-Frucht bringt eine eigene Note hinein. Sie passt zu den meisten Arten von Fisch. Essen Sie den gegrillten Lachs heiß oder kalt, und auch in der Lunchbox (Bento) macht er sich gut.**

FÜR 4 PERSONEN
50 ml Sake
50 ml Mirin
100 ml Sojasauce
1/2 unbehandelte Yuzu-Frucht oder Zitrone, in Scheiben geschnitten
4 Lachsfilets à 100 g, mit Haut, jedes in 3 Stücke geschnitten, Gräten entfernt
Sudachi- oder Zitronen-/Limettenspalten (nach Geschmack)

Anmerkung
Die japanische Küche bedient sich ausgiebig der einheimischen Zitrusfrüchte. Die gelbe Yuzu hat ein sehr feines Aroma. Ihre abgeriebene Schale aromatisiert viele populäre japanische Gerichte. Sudachi ist kleiner und schärfer. Manchmal findet man diese Früchte außerhalb Japans, sonst können Sie sie durch Zitronen oder Limetten ersetzen.

**1** Sake, Mirin, Sojasauce und Yuzu-Scheiben in einer Schüssel vermischen und den Lachs mindestens 3–4 Stunden darin marinieren.
**2** Den Fisch herausnehmen und grillen, bis er gerade gar ist. Mit Sudachispalten servieren.

# Kabeljaurogen mit Nudeln

**Kabeljaurogen hat einen ausgeprägten Geschmack. Wegen der Überfischung und drohenden Ausrottung von Kabeljau kann man auch Lachskaviar verwenden. Dieses Gericht können Sie heiß oder kalt (auch im Bento) servieren.**

FÜR 4 PERSONEN

200 g Shirataki-Nudeln oder dünne Spaghettini
2 EL gesalzener Kabeljaurogen (Tarako)
50 g Mitsuba- oder Korianderstängel
2 EL Mirin
1 EL helle Sojasauce (plus mehr helle Sojasauce nach Geschmack)

1 Die Shirataki-Nudeln waschen, in Wasser 5–6 Minuten kochen, gut abgießen und auf mundgerechte Länge schneiden.

2 Die Membran, die den Rogen umhüllt, ablösen und 2 Esslöffel Rogen herausnehmen.

3 Von den Mitusba-Stängeln die Blätter entfernen und die Stängel in 4 cm lange Stücke schneiden (die Blätter können Sie für ein anderes Rezept verwenden). Kurz in Wasser kochen, dann in kaltem Wasser abschrecken. Abgießen und überschüssiges Wasser ausdrücken.

4 Die Shirataki-Nudeln trockentupfen, in einen Wok oder eine Pfanne geben und ohne Öl erhitzen. Mirin und 1 Esslöffel helle Sojasauce zugeben und einige Minuten kochen, dann den Herd ausschalten und sofort den Kabeljaurogen hineingeben. Mit Kochstäbchen unterrühren und etwas abkühlen lassen.

5 Die Mitsuba-Stängel untermengen, mit noch etwas heller Sojasauce abschmecken und servieren.

### Harumis Tipp

Die Shirataki-Nudeln können Sie auch durch dünne Fadennudeln (Vermicelli) oder getrocknete japanische Harusame-Nudeln ersetzen.

#### Anmerkung

Helle Sojasauce ist salziger als die normale, und japanische Sojasauce unterscheidet sich von denen aus anderen asiatischen Ländern. Verwenden Sie nach Möglichkeit für diese Rezepte japanische Sojasauce.

# Gemüse

# Zwei Arten Mini-Tempura

Mini Kakiage

**In leichtem Ausbackteig frittierte Speisen nennt man in Japan Tempura. Dafür eignen sich die verschiedensten Zutaten. Diese beiden Varianten kann man als Teil eines Menüs servieren oder als Beilage zu einem Gericht wie Soba Chirashi (Seite 56). Statt der Klettenwurzel kann man grünen Spargel, Brokkoli oder Frühlingszwiebeln verwenden.**

FÜR 2 PERSONEN

Für die Garnelen- und Frühlingszwiebel-Tempura:
120 g frische geschälte Garnelen
50 g Frühlingszwiebeln
30 g Tempura-Mehl (siehe Anmerkung)
3 EL Eiswasser
Sonnenblumen- oder Pflanzenöl, zum Frittieren

**Für die Möhren- und Klettenwurzel-Tempura:**
40 g Möhren
50 g Klettenwurzel (siehe Anmerkung Seite 106)
30 g Tempura-Mehl (siehe Anmerkung)
3 EL Eiswasser
Sonnenblumen- oder Pflanzenöl, zum Frittieren

**Anmerkung**

Tempura-Mehl (Tempura-ko) ist eine Fertigmischung mit Trockenei, mit der Tempura-Teig zuverlässig immer gelingt – einfach mit Wasser anrühren. Wenn Sie den Teig selbst herstellen wollen, werden Sie je nach dem Mehl, das Sie verwenden, vielleicht etwas experimentieren müssen.

**Basis-Tempurateig:**

250 g Mehl mit 5 g Backpulver (oder Mehl und Speisestärke) mischen. 1 Eigelb mit 125 ml Eiswasser verquirlen, dann das Mehl einmischen. Nicht zu stark schlagen, der Teig darf ruhig Klümpchen haben. Sofort verwenden.

**Garnelen- und Frühlingszwiebel-Tempura:**

**1** Die Garnelen waschen und, wenn nötig, den schwarzen Darm entfernen. Die Frühlingszwiebeln putzen und in 3–4 cm lange Stücke schneiden.

**2** Garnelen und Frühlingszwiebeln in eine Schüssel geben. Das Tempura-Mehl bis auf 1 Esslöffel dazugeben und untermischen. Das Eiswasser vorsichtig einrühren. Den letzten Esslöffel Mehl dazugeben und noch einmal leicht umrühren.

**3** Das Öl in einem Wok oder Topf auf 170 °C erhitzen. Die Mischung in zwei Portionen frittieren und sofort heiß servieren.

**Möhren- und Klettenwurzel-Tempura:**

**1** Möhre und Klettenwurzel schälen und zunächst schräg in Scheiben, dann in gleich große feine Streifen schneiden. Die Klettenwurzel 2–3 Minuten in Wasser einweichen, abgießen und trockentupfen. Tiefgefrorene Klettenwurzel auftauen.

**2** Möhren- und Klettenwurzelstreifen in eine Schüssel geben. Das Tempura-Mehl bis auf 1 Esslöffel dazugeben und untermischen. Das Eiswasser vorsichtig einrühren. Den letzten Esslöffel Mehl dazugeben und noch einmal leicht umrühren.

**3** Das Öl in einem Wok oder Topf auf 170 °C erhitzen. Die Mischung in zwei Portionen frittieren und sofort heiß servieren.

# Rettich und Möhren mit koreanischem Dressing

Daikon to Ninjin no Namuru

**Ein einfacher, köstlicher Beilagensalat. Wenn Sie bisher Rettich nicht verwendet haben, sollten Sie ihn mit diesem Rezept probieren. Daikon wird in der japanischen Küche sehr geschätzt. Gerieben passt er gut zu gegrillten oder frittierten Speisen, gekocht in Eintöpfe und roh, in feine Streifen geschnitten, in Salate wie diesen.**

FÜR 2–3 PERSONEN

540 g Daikon oder weißer Rettich
100 g Möhren
1/2 TL Salz
3 EL fein gehackte Frühlingszwiebeln (nach Belieben)
1 EL fein gehackter Knoblauch
4 TL Instant-Hühnerbrühe (Pulver)
2 EL Reisessig
2 TL feiner Zucker
Salz
2 EL Sesamöl
geröstete weiße Sesamsamen, grob gemahlen

**1** Rettich und Möhren schälen und in feine, 6 cm lange Streifen schneiden. Mit dem Salz mischen und etwas ziehen lassen, damit sie weicher werden. Überschüssiges Wasser ausdrücken.

**2** In einer Schüssel Rettich und Möhren mit den Frühlingszwiebeln und dem Knoblauch vermischen. Nacheinander die anderen Zutaten hineingeben, dabei jedes Mal gut untermischen: Instant-Brühe, Reisessig, Zucker, Salz und Sesamöl. Mit reichlich Sesamsamen vermischen, anrichten und sofort servieren.

# Sautierte Bohnensprossen mit Pak choi

**Dies ist wirklich ein einfaches Gericht, aber es bringt meine beiden Lieblingsgemüse zusammen: Pak choi und Bohnensprossen. Auch hier lege ich Ihnen ans Herz, von den Sprossen Enden und Spitzen abzuschneiden – es schmeckt einfach besser! Die Bohnensprossen mit Pak choi passen zu praktisch allen anderen Gerichten aus diesem Buch.**

FÜR 4–6 PERSONEN
100 g Pak choi
250 g Sojabohnensprossen
2 EL Sonnenblumen- oder Pflanzenöl
2 Knoblauchzehen, in feine Scheiben geschnitten
1 TL Instant-Hühnerbrühe (Pulver)
Sojasauce
1 EL Sesamöl

**1** Den Pak choi in 3–4 Teile schneiden. Die Blätter vom Strunk trennen und den Strunk längs in 2–3 Stücke schneiden. Von den Bohnensprossen Enden und Spitzen abschneiden.

**2** Das Öl in einer Pfanne erhitzen und den Knoblauch darin anbraten. Sobald sich das Aroma entfaltet, die Pak-choi-Strünke hineingeben und scharf anbraten, anschließend die Bohnensprossen zufügen. Etwa 1 Minute braten, dann die Instant-Hühnerbrühe darüberstreuen.

**3** Als Letztes die Pak-choi-Blätter dazugeben und kurz pfannenrühren. Mit Sojasauce und Sesamöl würzen.

### Harumis Tipp

Das Gemüse muss hier bei starker Hitze kurz und scharf gebraten werden und darf nicht zu lange in der Pfanne bleiben, sonst gibt es Flüssigkeit ab und wird schlaff.

# Salat aus Auberginen und Harusame-Nudeln

**In diesem Salat werden gedämpfte Auberginen und Harusame-Nudeln mit einem würzigen Dressing angemacht – köstlich als Begleiter von Fleisch und Fisch. Es sind zwar schon Nudeln im Salat, aber meist ist es trotzdem gut, Reis dazu zu servieren.**

FÜR 4 PERSONEN
350 g Auberginen
50 g getrocknete Harusame-Nudeln oder Reis-Vermicelli
Korianderblätter (nach Geschmack)

**Für das Dressing:**
2½ EL Sojasauce
1 EL feiner Zucker
1 EL Sesamöl
1 TL Reisessig
2 TL fein gehackter Ingwer
1 rote Chilischote, in Ringe geschnitten
½ TL Instant-Hühnerbrühe (Pulver), aufgelöst in 3 EL heißem Wasser

### Harumis Tipp
Das Einweichen der Auberginen in Wasser löst ihre Bitterstoffe und verhindert, dass sie sich verfärben. Durch das Dämpfen werden sie weich und saftig.

1 Die Auberginen schälen und die Stängel entfernen. Quer halbieren und jede Hälfte längs vierteln. Große Auberginen in noch kleinere Stücke schneiden. 5–6 Minuten in kaltes Wasser legen (siehe Harumis Tipp).
2 Die Auberginen in einem Dämpftopf 5–10 Minuten dämpfen, bis sie gar und weich sind. Herausnehmen und abkühlen lassen.
3 Die Nudeln nach der Packungsanweisung kochen; Achtung, dass sie nicht zu weich werden! In kaltes Wasser geben, abkühlen lassen, abgießen und grob hacken.
4 Für das Dressing Sojasauce, Zucker, Sesamöl, Reisessig, Ingwer und Chiliringe mit der aufgelösten Hühnerbrühe vermischen.
5 Die abgekühlten Auberginen längs in vier Teile schneiden. Leicht ausdrücken und anrichten. Die Nudeln darauflegen, alles mit Dressing übergießen. Mit Korianderblättern garnieren.

# Gemischter Salat mit Sesamdressing

**Diese herrlich cremige Salatsauce passt zu den meisten Salaten und zu Rohkost. Im Kühlschrank hält sie sich 2–3 Tage.**

FÜR 4 PERSONEN
eine schöne Auswahl gemischter Salatblätter

**Für das Sesamdressing:**
2 EL Sesampaste, ersatzweise ungesalzene Erdnussbutter
2 EL geröstete weiße Sesamsamen, gemahlen
2 EL Dashi-Brühe
1 EL Reisessig
1 EL Sojasauce
1 EL feiner Zucker
Salz und Chilipulver oder Shichimi Togarashi (nach Geschmack)

**1** Die Salatblätter waschen, in mundgerechte Stücke zupfen und in Eiswasser legen, damit sie schön knackig werden. Abgießen und trockentupfen.
**2** Alle Zutaten für das Dressing gut miteinander vermischen.
**3** Die Salatblätter in eine passende Schüssel geben und das Dressing entweder separat dazu servieren oder den Salat kurz vor dem Essen damit anmachen.

# Japanischer Kartoffelsalat

Überall in Japan wird Kartoffelsalat gegessen, zu Hause, im Bento (Lunchbox) und sogar als Sandwichfüllung. Wenn ich nur wenig davon mache, gare ich die Kartoffeln und Möhren meist in der Mikrowelle, große Portionen aber werden gedämpft. Die besten Ergebnisse erzielen Sie nach meiner Ansicht, wenn Sie Kartoffeln und Möhren ungeschält garen. Dadurch bleiben sie bissfester und schmecken besonders frisch.

FÜR 4 PERSONEN
650 g große Kartoffeln
200 g dicke Möhren
1 TL Instant-Hühnerbrühe (Pulver)
100 g Gurke, ungeschält und gewaschen
1/2 TL Salz
50 g Zwiebeln
200 g Mayonnaise
Salz und grob gemahlener Pfeffer

1 Kartoffeln und Möhren gründlich waschen, nicht schälen.
2 Beides in einen großen Topf legen und bei mittlerer Hitze etwa 25 Minuten dämpfen. Für die Garprobe mit einem Zahnstocher oder Holzspieß einstechen.
3 Die Kartoffeln und Möhren schälen, solange sie heiß sind. Die Kartoffeln in eine Schüssel geben und grob in Stücke brechen. Die Instant-Brühe untermischen, alles abkühlen lassen. Die Möhren längs halbieren, dann in 5 mm dicke Halbmonde schneiden.
4 Die Gurke längs halbieren und mit einem Löffel die Kerne herauskratzen. Die Hälften noch einmal längs halbieren, dann in 5 mm dicke Stücke schneiden. In eine separate Schüssel geben, mit dem Salz bestreuen und 2–3 Minuten ziehen lassen, damit sie etwas weicher werden. Überschüssiges Wasser ausdrücken. Gleichzeitig die Zwiebel schälen, halbieren, in Scheiben schneiden und in Wasser legen, um ihr die Bitterkeit zu nehmen. Herausnehmen und trockentupfen.
5 Die abgekühlten Kartoffeln mit den Möhren, Gurken und Zwiebeln mischen. Mayonnaise, Salz und Pfeffer einrühren, servieren.

### Harumis Tipp

Optisch interessanter wird dieser Salat, wenn man ihn in Portionen anrichtet wie abgebildet. Scheiben von hart gekochten Eiern sehen gut dazu aus und ergänzen den Kartoffelsalat auch geschmacklich.

# Warmer Kohlsalat

**Für dieses Rezept sollten Sie nach Möglichkeit Spitzkohl verwenden, der im Frühling geerntet wird. Er ist viel zarter als normaler Weißkohl und verleiht diesem Salat die ganz besondere Note. Die getrockneten Fischflocken dazu sind sehr japanisch – wir lieben sie und streuen sie über viele Gerichte.**

FÜR 4 PERSONEN
200 g Spitzkohl
1 EL Sojasauce
1/2 EL Mirin
etwas Sudachi- oder Zitronen-/Limettensaft
getrocknete Fischflocken (Katsuo bushi; nach Geschmack)

1 Den Kohl in mundgerechte Stücke schneiden, kurz in kochendes Wasser geben und abgießen. Er soll nicht zu weich werden, aber auch nicht mehr ganz roh sein. Ein paar Minuten in kaltes Wasser legen, abgießen und überschüssiges Wasser ausdrücken.

2 Sojasauce, Mirin und Sudachisaft vermischen. Den Kohl noch einmal ausdrücken und mit dem Dressing anmachen.

3 In Portionsschalen oder einer Servierschüssel anrichten und mit getrockneten Fischflocken garnieren.

# Apfel-Radieschen-Salat mit Miso-Mayonnaise

**Hier habe ich einen klassischen Waldorfsalat so abgewandelt, dass er dem japanischen Gaumen mundet. Das Dressing können Sie auch für andere Salate verwenden; am besten passt es zu knackigen Zutaten, die eine gewisse Schärfe besitzen.**

FÜR 4 PERSONEN

**Für das Miso-Mayonnaise-Dressing:**

2 TL Saikyo-Miso (siehe Anmerkung)
100 g Mayonnaise
1 EL Reisessig

20 g Walnusskerne
1 roter Apfel (etwa 150 g)
Salz
300 g Radieschen

**Anmerkung**

Saikyo-Miso ist eine lokale Miso-Spezialität aus Kyoto. Es ist deutlich süßer und heller als andere Miso-Sorten. Wenn Sie es nicht bekommen, mischen Sie alternativ 2 TL weißes Miso mit etwas feinem Zucker.

**1** Miso, Mayonnaise und Reisessig mischen. Die Walnusskerne 1½ Minuten ohne Abdeckung bei sehr schwacher Leistung in der Mikrowelle (200 W) erwärmen. Abkühlen lassen und grob hacken.

**2** Den ungeschälten Apfel waschen, vierteln, das Kerngehäuse entfernen und den Apfel in 2–3 mm dicke Scheiben schneiden. In eine Schale mit Salzwasser legen, damit sie sich nicht verfärben. Die Radieschen in 2–3 mm dicke Scheiben schneiden.

**3** Kurz vor dem Servieren die Apfelscheiben abgießen und trockentupfen. Apfel und Radieschen mit der Miso-Mayonnaise anmachen. In einer Schüssel anrichten und Walnüsse darüberstreuen.

# Aubergine auf Dengaku-Art

**Die hier verwendete köstliche süße Miso-Mischung ist sehr vielseitig. Man kann sie auch auf andere Zutaten streichen, die dann gegrillt werden – das ist der »Dengaku«-Stil. Man isst diese Auberginen mit einem kleinen Löffel.**

FÜR 2 PERSONEN

**Für das Dengaku-Miso:**

6 EL Hatcho-Miso (siehe Anmerkung)
4 EL Zucker
4 EL Mirin
2 EL Sake

1 große Aubergine (etwa 500 g)
3 EL Sonnenblumen- oder Pflanzenöl
geröstete Sesamsamen

**Anmerkung**

In Japan gibt es eine große Vielfalt Miso-Sorten, die von Region zu Region unterschiedlich sind. Hatcho-Miso stammt aus der Präfektur Aichi und ist dunkler als normales Miso. Als Alternative verwenden Sie einfach rotes Miso.

1 Für das Dengaku-Miso in einem kleinen Topf Miso, Zucker, Mirin und Sake vermischen. Mäßig stark erhitzen und gut verrühren. Wenn die Mischung eindickt, vom Herd nehmen.

2 Die Aubergine waschen und längs halbieren. Mit einem Messer auf den Innenseiten rundherum einschneiden, so dass sich das Fruchtfleisch von der Schale löst. Die Oberflächen gitterförmig einschneiden.

3 Das Öl in einer Pfanne erhitzen und die Auberginenhälften mit der flachen Seite nach unten darin anbräunen. Wenden, leicht mit Alufolie bedecken und weiterbraten, bis sie fast gar sind.

4 Etwa 2 Esslöffel Dengaku-Miso auf jede Auberginenhälfte streichen. Unter dem vorgeheizten Ofengrill etwa 5 Minuten grillen. Mit gerösteten Sesamsamen bestreuen und servieren.

# Japanische Pickles

Tsukemono

**Pickles gehören eigentlich zu jeder japanischen Mahlzeit. Man kann sie in vielerlei Arten im Supermarkt kaufen, aber ich mache sie gern selbst und habe immer welche auf Vorrat im Haus. Sie werden sich wundern, wie einfach das geht. Nach diesem Rezept zubereitet wird das Gemüse auch ganz leicht konserviert.**

FÜR 4 PERSONEN

100 g Gurke, ungeschält und gewaschen
150 g Möhren
4–5 Kohlblätter
1 TL Salz
1/2 EL feiner Zucker
1 EL Reisessig
15 g frischer Ingwer
getrocknete Fischflocken (Katsuo bushi)
Sojasauce oder Ponzu-Sojasauce (nach Geschmack)

**1** Die Gurke längs halbieren und die Kerne mit einem kleinen Löffel herauskratzen. Erneut längs halbieren, dann in dünne Scheiben schneiden. Die Möhren schälen und halbieren, die Hälften in 4 cm lange Stücke schneiden. Jedes Stück längs in feine Scheiben schneiden, so dass dünne Rechtecke entstehen. Den Kohl waschen und in mundgerechte Stücke schneiden.

**2** In einer Schüssel Gurke, Möhren und Kohlblätter mit Salz, Zucker und Reisessig vermischen. Einen Teller darauflegen und etwas Schweres daraufstellen – eine große Konservendose beispielsweise. Mindestens 10 Stunden oder über Nacht ziehen lassen.

**3** Vor dem Servieren mit der Hand alle überschüssige Flüssigkeit ausdrücken. Den Ingwer schälen und in schmale Streifen schneiden. Die Pickles in einer kleinen Schale anrichten und mit Fischflocken und Ingwerstreifen bestreuen. Nach Geschmack Sojasauce oder Ponzu-Sojasauce darübergießen.

### Harumis Tipp

Ich lege alle möglichen Gemüsesorten ein, etwa Chinakohl, Mizuna, Staudensellerie, Radieschen und Daikon (weißen Rettich). Manchmal gebe ich auch gehackte rote Chilischote, Ingwer, Shiso-Blätter oder sogar Kräuter aus der westlichen Küche hinzu. Seien Sie erfinderisch und kreieren Sie Ihre eigene Version!

# Desserts & Getränke

# Weißer Schokoladenkuchen

**Das Besondere an diesem Kuchen ist, dass die Schokolade nicht in der Glasur, sondern fein gerieben im Teig steckt. Das macht den Kuchen besonders lecker und verleiht ihm auch eine sehr schöne Festigkeit.**

FÜR 6 PERSONEN

Sie benötigen eine quadratische Backform (20 x 20 x 3 1/2 cm) oder eine runde mit 18 cm Ø
50 g weiße Schokolade von guter Qualität, kühlschrankkalt
100 g Mehl
3 Eier
50 g Zucker

**Zum Dekorieren:**
2 EL Zucker
200 g Sahne
Heidelbeeren, Minzeblätter und Puderzucker

## Harumis Tipp

Sie können den Kuchen auch quer durchschneiden, mit etwas Sahne füllen und die restliche Sahne obendrauf verteilen. Wenn Sie verschiedene Früchten zum Dekorieren verwenden, sieht der Kuchen besonders edel aus.

**1** Den Ofen auf 170 °C vorheizen. Die Backform mit Backpapier auslegen. Die Schokolade aus dem Kühlschrank nehmen und fein reiben.

**2** Das Mehl in eine Schüssel sieben und mit der geriebenen Schokolade vermischen.

**3** Die Eier in eine andere Schüssel schlagen und den Zucker dazugeben. Die Mischung so steif schlagen, dass Spitzen stehen bleiben. Die Hälfte der Mehl-Schokoladen-Mischung einrühren.

**4** Die restliche Mehl-Schokoladen-Mischung dazugeben und vorsichtig unterheben.

**5** Den Teig in die Backform geben. Die Form einige Male leicht auf die Arbeitsfläche schlagen, damit keine Luftblasen im Teig verbleiben. Im Ofen etwa 20 Minuten backen, bis der Kuchen etwas gebräunt ist.

**6** Den Kuchen aus dem Ofen und aus der Form nehmen und auf einem Kuchengitter abkühlen lassen. Sobald er lauwarm ist, in Frischhaltefolie wickeln und darin vollständig abkühlen lassen – so trocknet er nicht aus.

**7** Für die Dekoration die Sahne mit dem Zucker schlagen, bis Spitzen stehen bleiben, jedoch nicht zu steif schlagen. Die Sahne auf den Kuchen streichen, mit Heidelbeeren und Minzeblättern dekorieren und über alles Puderzucker sieben.

# Harumis Käsekuchen

**Dass Käsekuchen keine traditionelle japanische Nachspeise ist, liegt auf der Hand. Er ist inzwischen aber sehr beliebt, und meine Leser schätzen dieses Rezept ganz besonders. Es geht ganz einfach: Ich verwende Butterkekse für den Boden und mische alle anderen Zutaten in einer Schüssel. Wenn der Kuchen aus dem Ofen kommt, ist er leicht und locker wie ein Soufflee, abgekühlt wird er cremig und weich. Im Kühlschrank wird er fest und voll. Sozusagen drei verschiedene Kuchen in einem.**

FÜR 6 PERSONEN
**Sie benötigen eine runde Springform mit 18 cm Ø**
100 g Butterkekse
40 g Butter
250 g Frischkäse
90 g Zucker
2 Eier
200 g Crème double
3 EL Mehl, gesiebt
1 EL Zitronensaft

**1** Butter und Frischkäse müssen Zimmertemperatur haben. Die Form mit Backpapier auslegen.

**2** Die Kekse in einen Frischhaltebeutel geben und mit dem Nudelholz grob zerkleinern.

**3** Die Butter weich werden lassen und mit den Keksbröseln vermischen.

**4** Die Keks-Butter-Mischung in der Backform verteilen und etwas andrücken – das wird der Boden des Kuchens. Den Ofen auf 170 °C vorheizen.

**5** Den Frischkäse in eine Rührschüssel geben und mit einem elektrischen Handrührgerät weich schlagen. Die anderen Zutaten in der angegebenen Reihenfolge nacheinander dazugeben; jedes Mal erst gut einrühren, bevor Sie die nächste hinzufügen.

**6** Die Masse so lange weiterschlagen, bis sie fester wird. In die Form auf den Kuchenboden geben und 45–50 Minuten backen. Aus dem Ofen nehmen und abkühlen lassen.

**7** Wenn er nicht mehr heiß ist, den Kuchen aus der Form nehmen, das Backpapier entfernen und den Kuchen auf einem Kuchengitter vollständig abkühlen lassen.

# Reisklößchen mit Mangosauce

Mangosauce no Shiratama

**Hier sind Geschmacksnoten aus verschiedenen Küchen Asiens versammelt. Die Kombination aus Reisklößchen, süßen Bohnen und Obst steht bei uns hoch im Kurs. Ich kann sie nur empfehlen, vor allem nach einer pikanten Mahlzeit.**

FÜR 4 PERSONEN

**Für die Reisklößchen:**

55 g Shiratama-ko (siehe Anmerkung)
1/2 EL feiner Zucker
70 ml Wasser
gesüßte Adzuki-Bohnen (nach Geschmack)

**Für die Mangosauce:**

1 reife Mango (etwa 200 g)
3–4 EL feiner Zucker
200 ml Sojamilch
100 ml Kokosmilch

**1** Für die Reisklößchen das Shiratama-ko und den Zucker mit den Händen vermischen. Das Wasser langsam nach und nach zugeben und kneten, bis sich der Teig weich und elastisch anfühlt. Zu kleinen Kugeln formen.

**2** In einem großen Topf reichlich Wasser zum Kochen bringen. Die Reisklößchen in kleinen Portionen hineingeben und kochen. Sobald die Klößchen an die Wasseroberfläche steigen, herausnehmen und in kaltes Wasser legen. In einem Sieb gut abtropfen lassen.

**3** Für die Mangosauce die Mango schälen, das Fruchtfleisch in Scheiben schneiden und in einem Mörser grob zerstampfen. Zucker, Soja- und Kokosmilch dazugeben und gut untermischen.

**4** Die Mangosauce in eine Servierschale gießen und die Reisklößchen hineinlegen. Die gesüßten Azuki-Bohnen mit einem Löffel darübergeben und servieren. Köstlich!

**Anmerkung**

Shiratama-ko ist ein japanisches Mehl aus Klebreis. Mit normalem Reismehl erzielt man kein befriedigendes Ergebnis.

Fertige gesüßte Adzuki-Bohnen gibt es in japanischen Geschäften oder im Asia-Laden, Sie können sie aber auch leicht selbst zubereiten. Die Bohnen über Nacht einweichen, dann weich kochen. Zucker nach Geschmack einrühren, dabei unter ständigem Rühren sanft erhitzen, bis der Zucker aufgelöst ist.

# Gebackene Papaya mit Kokosmilch

**Diese Nachspeise ist gleichermaßen lecker und einfach. Die Farben der Papaya und der cremigen Sauce passen ebenso wunderbar zusammen wie die Aromen von Frucht, Kokosmilch und Crème double. Ein wirklich paradiesisches Dessert.**

FÜR 4 PERSONEN

1 ganze frische Papaya (etwa 750 g)
100 ml Kokosmilch
50 g Crème double
4 EL Kondensmilch

**1** Die Papaya so auf die Arbeitsfläche legen, dass sie stabil liegt; wenn nötig, ein bisschen Schale abschneiden, um eine Standfläche zu schaffen. Eine große Scheibe von der Oberseite der Frucht abschneiden, sodass eine Öffnung entsteht. Das abgeschnittene Stück wird später als Deckel verwendet. Mit einem Löffel die Kerne aus der Frucht entfernen.

**2** In einer Schüssel Kokosmilch, Crème double und Kondensmilch miteinander vermischen. Die Mischung in die ausgehöhlte Papaya gießen, diese aber nicht zu voll machen.

**3** Den Papaya-Deckel auf die Öffnung legen und die Frucht in Mikrowellenfolie wickeln. 5–6 Minuten in der Mikrowelle (600 W) erhitzen, bis die Sauce sehr heiß ist. Vorsichtig herausnehmen.

**4** Die Folie sofort entfernen und das Fruchtfleisch der Papaya zusammen mit der Sauce in Portionsschalen löffeln. Sofort servieren.

# Grüntee-Eis

Macha Eis

**Wenn ich in japanische Restaurants im Ausland gehe, finde ich oft dieses Dessert auf der Speisekarte. Der japanische grüne Tee stößt ja überall auf der Welt auf immer mehr Freunde, und ich habe auf meinen Reisen stets welchen als Mitbringsel dabei. Die Farbe dieser selbst gemachten Eiscreme ist wunderschön, der Geschmack göttlich.**

FÜR 4 PERSONEN
2 EL (10 g) grünes Teepulver (Macha)
120 g Zucker
3 Eigelb
200 ml Milch
200 g Sahne

1 Das Teepulver in einer kleinen Schüssel mit 2 Esslöffeln Zucker vermischen.
2 In einer anderen Schüssel die Eigelbe mit dem restlichen Zucker verrühren.
3 Die Milch in einen kleinen Topf gießen und vorsichtig erhitzen. Die Milch soll nicht kochen (ideal sind 80 °C). Vom Herd nehmen und ein paar Esslöffel der heißen Milch in die Teepulver-Zucker-Mischung einrühren, so dass eine glatte Paste entsteht. Die Paste in die restliche Milch geben und unterrühren, dann alles nach und nach mit der Eigelb-Zucker-Mischung verrühren. Abkühlen lassen.
4 Die Sahne leicht schlagen und in die Tee-Milch-Mischung einrühren.
5 Die Creme in einen großen Behälter gießen und in das Gefrierfach stellen. Sobald sich Eiskristalle bilden, herausnehmen, mit einem Löffel gut durchrühren, um die Kristalle zu brechen, und die Creme wieder ins Gefrierfach stellen. Dieser Vorgang muss während des Gefriervorgangs mehrere Male wiederholt werden, damit das Eis schön cremig wird. Mindestens 2 Stunden gefrieren lassen.

# Getränke

Japaner gelten ja gemeinhin als recht ernst. Völlig zu Unrecht – wir lieben es, einen draufzumachen und Spaß zu haben. Wenn ich Gäste habe, fließen Wein, Bier, Whisky, Sake und Shochu in Strömen. Das passt zum Essen und hebt die Stimmung.

Wein ist relativ neu in Japan. Inzwischen werden auch bei uns Weinberge bestellt, aber viele bevorzugen importierte Weine. Übrigens, Wein ist ein wunderbarer Begleiter der japanischen Küche, und ich bin nicht der Meinung, dass dazu nur traditionelle Getränke passen.

Für viele Angestellte, vor allem Männer, gehört es zum Arbeitsleben, abends mit den Kollegen noch einen trinken zu gehen. Man beginnt mit Bier und geht dann meist zu etwas Härterem über, beispielsweise Whisky oder Shochu, entweder mit Wasser gemischt (Mizuwari) oder auf Eis. Wein ist bei solchen Gelegenheiten eher unüblich. Beachten Sie übrigens, wenn Sie mit Japanern ausgehen, dass Sie sich nicht selbst einschenken sollten. Das ist die Aufgabe Ihres Tischnachbarn oder des Personals an der Bar.

Am Ende will ich Ihnen noch ein wichtiges japanisches Wort beibringen, das Wort für »Prost«. Es ist sehr einfach: Kanpai! Ich wünsche Ihnen, dass Sie oft Gelegenheit haben, es anzuwenden.

### Sake

Sake ist wohl das bekannteste alkoholische Getränk aus Japan. Er wird aus Reis hergestellt und hat deswegen in der japanischen Kultur besondere Bedeutung. Man trinkt Sake bei wichtigen religiösen Zeremonien, etwa bei Hochzeiten. Auch auf das Neue Jahr stößt man damit an. Sake wird überall in Japan gebraut, und die Geschmacksunterschiede sind enorm, von sehr süß bis sehr trocken. Man kann ihn heiß oder kalt trinken. Um Sake zu erwärmen, füllt man ihn in ein kleines Porzellan- oder Tonfläschchen, das sogenannte Tokkuri, und erhitzt es vorsichtig 5–10 Minuten im Wasserbad. Im Winter mag ich heißen Sake besonders gern, trinke ihn aber auch zu anderen Jahreszeiten so.

### Bier

Wahrscheinlich bin ich voreingenommen, aber ich finde, dass japanische Biere zu den besten der Welt gehören. Die Technik des Bierbrauens wurde im 19. Jahrhundert aus Deutschland übernommen. Heute produzieren wir in Japan hervorragende Lager-Biere, die eiskalt serviert werden, meist aus der Flasche. Bier passt perfekt zum Klima und zur Kultur in Japan. Meist bestellen wir einige große Flaschen, wenn wir in einer Gruppe feiern, und jeder trinkt aus einem kleinen Glas. Weniger üblich ist es, für jeden einen Krug zu bestellen, obwohl das vor allem in den Biergärten, die man in den japanischen Städten häufig findet, auch vorkommt.

### Shochu

Diese japanische Spirituose kann bis zu 36 % Alkohol enthalten. In den letzten Jahren ist Shochu bei jungen Leuten in Japan wieder sehr populär geworden und läuft sogar dem Whisky ein wenig den Rang ab. Shochu gilt als »gesunde« Spirituose, und da er aus den verschiedensten Ausgangsmaterialien erzeugt werden kann – Gerste, Buchweizen, Hirse und sogar Kartoffeln –, gibt es eine große Geschmacksvielfalt. Manche Bars haben sich ganz auf den Ausschank von Shochu spezialisiert. Ich trinke ihn am liebsten mit warmem Wasser und Umeboshi oder auf Eis mit einer Zitrusfrucht wie Sudachi oder Kabosu oder auch einer frischen Zitrone.

# Bento

# Bento

Besuchern, die nach Japan kommen, fällt schnell auf, dass überall in Bahnhöfen und Geschäften Imbisspakete und Lunchboxen – japanisch Bento – in großer Vielfalt angeboten werden. Während man im Westen Sandwiches mit allen möglichen Füllungen bekommt, steckt beim japanischen Bento in einer Schachtel eine enorme Bandbreite an Geschmäckern, Konsistenzen und Farben. Bento ist sozusagen eine komplette japanische Mahlzeit auf kleinstem Raum und beruht in derselben Weise auf den Prinzipien von Vielfalt und Ästhetik.

Als meine Kinder noch zur Schule gingen, stand ich, wie die meisten japanischen Mütter, morgens früh auf und bereitete ihnen ihr Bento zu. Wenn Schulen keine Mensa haben, steht die Mutter weiter in der Pflicht, den Kindern ein gutes, ausgewogenes Mittagessen mitzugeben. Auch für meinen Mann mache ich noch oft Bento, das er mit in die Arbeit nimmt. Meist werden diese Lunchpakete in ein großes Tuch gewickelt oder in eine eigens dafür angefertigte Tasche gesteckt, damit der Inhalt auf dem Weg zu Schule oder Arbeit nicht verschüttet wird.

Für mich ist Bento immer etwas Besonderes, fast wie ein kleiner Liebesbrief, den man öffnen kann, wenn man nicht zu Hause ist. Es erinnert einen an daheim, an die Person, die es für einen zubereitet hat. Bento ist mehr als nur Essen!

Grundlage der meisten Bento-Boxen ist Reis, normalerweise einfacher japanischer Reis, der am Morgen extra dafür gekocht wird. Das heißt noch lange nicht, dass er langweilig sein muss. Meist streut oder legt man eine Reihe verschiedener Zutaten darauf, die dem Reis Geschmack verleihen und ihn interessant machen. Immer wieder gern verwendet wird gerösteter schwarzer Sesam – einfach, lecker und sehr ästhetisch. Aber nehmen Sie, was Sie möchten, am besten etwas Knackiges, mit Biss, das ein Gegengewicht zum weichen Reis bildet. Auch eine sauer-salzig eingelegte rote Pflaume (Umeboshi) wird häufig in die Mitte auf den Reis gelegt; sie hält den Reis an heißen Tagen länger frisch.

VOIR
toucher
ÉCOUTER
BOIRE
SENTIR

Sehr beliebt ist es, den Reis zu Bällen zu formen, die man Onigiri nennt. Auch diese Reisbälle werden, einzeln verpackt, in Läden und Supermärkten zum Verkauf angeboten. Sie sind eher die japanische Version eines Sandwichs als ein regelrechtes Bento, und man kann sie mit allem Möglichen füllen oder umhüllen.

Hier sind zwei Rezepte für Onigiri mit unterschiedlichen Füllungen – aber Ihrer Fantasie sind keine Grenzen gesetzt. Reste von den Füllungen stellen Sie in den Kühlschrank und verbrauchen sie innerhalb von 2–3 Tagen.

## Reisbälle

Onigiri

FÜR 2 REISBÄLLE

Für die Thunfischmayonnaise:
80 g Thunfisch aus der Dose
1 EL Mayonnaise
ein wenig helle Sojasauce

**Für die Rindfleischfüllung:**
300 g dünn geschnittenes Rindfleisch
50 g frischer Ingwer
4 EL Sojasauce
4 EL Mirin
2 EL feiner Zucker
2 EL Sake

etwa 300 g gegarter warmer Reis
Salz und Nori-Seetang (nach Belieben)

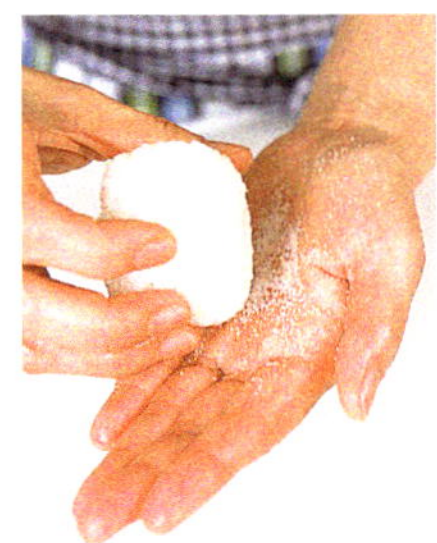

**1** Den Thunfisch abgießen und in einer Schüssel mit der Mayonnaise und heller Sojasauce (Menge nach Geschmack) vermischen.
**2** Das Rindfleisch in mundgerechte Stücke schneiden. Den Ingwer schälen und in sehr feine Scheiben schneiden.
**3** Sojasauce, Mirin, Zucker und Sake bei mittlerer Hitze zum Kochen bringen. Das Fleisch dazugeben; es darf nicht zusammenkleben. Den Ingwer hinzufügen und alles köcheln lassen, bis die Flüssigkeit verkocht ist, gelegentlich umrühren. Abkühlen lassen.
**4** Eine Handvoll gegarten Reis nehmen, in die Mitte ein Loch drücken, 1 Teelöffel Thunfischmayonnaise hineingeben. Den Reis zusammendrücken und zu einer Kugel formen. Mit Salz bestreuen. Eine weitere Kugel auf dieselbe Art mit Rindfleisch füllen. Nach Belieben jede Reiskugel in ein Nori-Blatt wickeln – tun Sie das, während der Reis noch warm ist, dann hält es besser.

Was gehört nun also in eine Bento-Box hinein? Ich bin immer dafür, sich das Leben so einfach wie möglich zu machen, also schlage ich vor, Sie sehen im Kühlschrank nach, was an Resten da ist. Bento kann die perfekte Verwertung für all die kleinen Happen sein, die vom Abend zuvor übrig sind. Sie brauchen keine größeren Mengen von einer bestimmten Zutat, Vielfalt und Struktur sind viel wichtiger. Natürlich sollten die Speisen auch kalt schmecken, nicht schnell verderben und nicht zu wässrig sein.

Es ist ganz üblich, Fisch und Fleisch in ein Bento zu packen, wobei meist eines überwiegt. Frittierte Meeresfrüchte oder Huhn sind sehr beliebt, auch Teriyaki-Fisch oder -Fleisch (Seite 76).

Unentbehrlich für ein gutes Bento ist Gemüse. Knackige blanchierte grüne Bohnen, Möhren oder Brokkoli beispielsweise bringen Farbe und Biss ins Spiel. Machen Sie sie mit einem Sesamdressing an (Seite 118) oder backen Sie sie als Tempura aus (Seite 112), so wird ein Festessen daraus. Sie können Bento auch ganz ohne Fisch oder Fleisch machen, dann muss aber das Gemüse umso mehr auf interessante Weise zubereitet sein.

Auch Pickles gehören in die Mini-Festtafel. Sie sind schön knackig und enthalten genug Salz und Säure, um ein Gegengewicht zum Reis zu sein. Selbst gemachte Pickles (Seite 126) sind da natürlich besonders schön.

Ich habe überall in diesem Buch angegeben, wenn ein Rezept für Bento geeignet ist, aber im Grunde kann man fast alles aus der japanischen Hausmannskost verwenden. Zu meinen persönlichen Lieblingskombinationen gehören zum Beispiel das Ingwer-Schweinefleisch (Seite 62) mit dem Reis mit grünen Erbsen (Seite 48). Wenn man den Deckel der Bento-Box abnimmt und sich über den Duft des Ingwers und die Farbe der Erbsen freuen kann – das ist einfach fantastisch. Essen genießt man nicht nur mit dem Gaumen.

Es gibt in Japan viele Bücher mit Bento-Rezepten. Die wichtigste Botschaft ist dabei meiner Meinung nach, es nicht langweilig werden zu lassen. In manchen Büchern wird empfohlen, die Speisen so zu arrangieren, dass Bilder entstehen. Das ist sicher hübsch für Kinder, für Erwachsene aber vielleicht nicht ganz so passend. Wenn Sie Bento machen, sollten Sie aber immer eine Vorstellung haben, wie es werden soll, nicht anders als bei einem Menü. Wie harmonieren die Aromen? Gibt es Kontraste in der Konsistenz? Sind die Zutaten gesund und ausgewogen? Diese Fragen sollten Sie sich immer stellen, wenn Sie Essen zubereiten, und genauso bei Bento.

Vergessen Sie nicht, wenn Sie Bento für jemand anderen machen, dass Sie ihm ein Stück Zuhause mitgeben. Und für Sie selbst wird es für eine wohlverdiente Pause sein, also behandeln Sie sich gut und gönnen Sie sich etwas Leckeres, Nahrhaftes.

# Menüplanung

# Menüplanung

Ich bin sehr glücklich, dass ich die Möglichkeit hatte, in vielen Ländern der Welt zu zeigen, wie man auch außerhalb Japans japanisch kochen kann. Oft aber werde ich gebeten, noch mehr darüber zu sagen, wann und wie man diese Rezepte verwenden kann und wie man japanische Speisen serviert. Dieses Kapitel soll Ihnen davon eine Vorstellung geben.

Die wichtigsten Themen in der japanischen Küche sind Vielfalt und Portionsgröße, Ästhetik des Anrichtens sowie Frische. Wer im japanischen Stil kochen will, sollte sich mit diesen Prinzipien befassen.

**Vielfalt und Portionsgröße**

Japanisches Essen gilt als sehr gesund, und es scheint tatsächlich in Japan nicht so viele übergewichtige Menschen zu geben wie in westlichen Ländern. Aber sicher haben Sie bemerkt, dass auch in manchen japanischen Rezepten in Öl frittiert oder Zucker verwendet wird. Das klingt schon weniger gesund. Trotzdem – da eine japanische Mahlzeit aus vielen kleinen Portionen verschiedener Speisen besteht, wird sie immer insgesamt ausgewogen und daher auch gesund sein.

Wer viele unterschiedlich schmeckende Speisen zu kosten bekommt, muss nicht so viel essen, um sich gesättigt zu fühlen. Das ist ein Eckpfeiler der japanischen Küche, und wahrscheinlich gilt dieses Prinzip insgesamt für asiatisches Essen.

Wenn Sie also eine Mahlzeit planen, versuchen Sie, mehr verschiedene Geschmacksrichtungen auf den Tisch zu bringen und gleichzeitig die Größe der einzelnen Portionen etwas zu reduzieren. Man braucht eine Weile, um die richtige Balance zu finden, aber Sie werden sicher Freude daran haben.

**Ästhetik des Anrichtens**

Die Ästhetik der japanischen Küche ist weltbekannt und womöglich unerreicht. Oft höre ich nichtjapanische Freunde beim Anblick einer attraktiv angerichteten Speise sagen, sie sei »zu schön, um sie zu essen«. Natürlich ist sie zum Essen da. Aber es geht auch darum, dass die Menschen ihren Geruchssinn und ihre Augen einsetzen, bevor sie zu essen beginnen. Eine ästhetische Präsentation stimmt auf den Genuss des Essens ein.

Diese Prinzipien können Sie immer anwenden, nicht nur, wenn Sie japanisch kochen. Überlegen Sie, welche Farbe und Form die Speise hat und was für Geschirr Sie zur Verfügung haben. Auf einer traditionellen japanischen Tafel würde man unterschiedliches Keramikgeschirr erwarten, dazu Lackwaren und vielleicht etwas Holz oder Glas. Wir verwenden gern rechteckige flache Teller für gegrillten Fisch, Portionsschalen für Tofu und kleine Tellerchen für Pickles. Jede einzelne Speise soll sich in Geschmack und Aussehen in ihrer ganzen Eigenart darstellen können. Beim Essen nehmen Sie sich von jedem Teller ein bisschen und genießen so alle Eindrücke.

Ich liebe Blumen, sowohl im Haus als auch bei Tisch. Glücklicherweise kann ich Blumen und Kräuter aus meinem Garten holen, aber man kann sie natürlich auch kaufen. Es ist erstaunlich, was sich mit ein paar Blüten alles erreichen lässt! Ich versuche stets, in den Eingangsbereich frische Blumen zu stellen. Auch auf den Tellern und beim Besteck oder den Essstäbchen haben Blumen bei mir ihren Platz. Es kostet nicht die Welt, einem gedeckten Tisch seine eigene Note zu geben. Seien Sie erfinderisch! Solche kleinen Kreativitätsschübe tun gut und helfen, den Alltagsstress abzuschütteln.

## Frische

Bei japanischem Essen denkt man am ehesten an Sashimi und Sushi. Das ist zwar nicht unsere einzige Nahrung, im Kern steckt aber viel Wahres in diesem Bild. Fast alles, was wir essen, ist sehr frisch, und bei der Zubereitung wird großer Wert darauf gelegt, diese Frische zu erhalten. Fleisch wird normalerweise ziemlich rot serviert (wenn ich im Ausland bin, muss ich mein Steak meist »sehr, sehr rot« bestellen), und Gemüse soll knackig bleiben.

Supermärkte und die moderne Landwirtschaft haben die Produktpalette enorm erweitert, auch außerhalb der jeweiligen Saison. Wenn Sie Erdbeeren mögen, werden Sie sich vielleicht darüber freuen, dass sie das ganze Jahr über erhältlich sind – doch Sie werden zustimmen, dass sie während der Saison am besten sind, umso mehr, wenn sie auch aus der Region stammen. Trotz der umfassenden Verfügbarkeit so vieler Dinge haben die Jahreszeiten bei uns immer noch große Bedeutung. Manchmal dreht sich ein Menü oder die Tischdekoration um eine Zutat, für die gerade die Saison begonnen hat.

## Menüfolgen

Ich möchte Ihnen nun einige Tipps geben, wie man Menüs zusammenstellt. Neben den Themen Vielfalt, Portionsgröße und Ästhetik sollte auch die Ausgewogenheit der Mahlzeit beachtet werden. Beispielsweise sollten Sie aus Gründen der Vielfalt vermeiden, mehr als ein Gericht mit Sesamdressing im Menü zu haben. Auch viele Speisen mit Misodressing wären zu mächtig.

Japanischer Reis passt zu fast allen Mahlzeiten. Für Menschen aus Kulturen, deren hauptsächliche Kohlenhydratquelle Kartoffeln sind, ist das wahrscheinlich eine ziemliche Umstellung, dennoch lege ich Ihnen für die Fleisch- und Fischgerichte japanischen Reis als Beilage ans Herz – Sie werden überrascht sein, wie schmackhaft er ist.

Denken Sie daran, dass Sie diese Rezepte für sich verwenden, aber auch mit Speisen aus anderen Küchen der Welt kombinieren können. Die meisten Gemüsegerichte hier passen zu gebratenem oder gegrilltem Fleisch und verleihen jeder Mahlzeit eine eigene Note. Gleichzeitig können Sie zu vielen meiner Fisch- und Fleischrezepte auch Kartoffeln essen. Probieren Sie es aus.

## Basis-Menüs für zu Hause

**Frühstück:** Auch in Japan gibt es Leute, die Cornflakes oder Müsli zum Frühstück essen, traditionell aber sind eine Schale Reis, Misosuppe, Pickles und vielleicht ein Ei oder etwas gegrillter Fisch. Heutzutage starten die meisten Japaner mit einem frischen Salat, Schinken, Toast, einem hart gekochten Ei und Käse in den Tag – Vielfalt und Frische! In vielen Cafés bekommt man ein günstiges »Morning Set«, das meist aus einer dicken Scheibe Toast, einem Ei und Salat besteht – perfekt, wenn man in Eile ist.

**Frühstück 1**

- Mini-Omelett auf japanische Art, Seite 32
- Misosuppe mit Sesamaroma, Seite 22 (Variante)
- Japanische Pickles, Seite 126

**Frühstück 2**

- Gedämpfter Eierstich mit Pilzen, Seite 26
- Japanisches Risotto mit grünem Tee, Seite 54

**Mittagessen:** Hinweise fürs Mittagessen habe ich bereits im Kapitel Bento gegeben, aber es gibt natürlich zahlreiche andere Möglichkeiten. In vielen japanischen Städten bieten Restaurants einen Lieferservice an. Das ist besonders praktisch, wenn man zu Hause Sushi essen möchte. Und wie fast überall auf der Welt gibt es bei uns Pizzadienste – sehr beliebt besonders bei jungen Leuten.

**Leichtes Mittagessen**
- Harumis Thunfisch-Tataki-Salat, Seite 93
- Misosuppe mit Schweinefleisch, Seite 24
- Reis, Seite 54

**Mittagessen-Menü** (Bild links)
- Kalte Nudeln mit Schweinefleisch, Seite 55
- Geflügelhäppchen in Sesamhülle, Seite 78
- Japanische Pickles, z. B. von Frühlingszwiebeln und Brokkoli, Seite 126
- Reis, Seite 54

**Vegetarisches Mittagessen**
- Salat aus Auberginen und Harusame-Nudeln, Seite 117
- Tofu mit Ricotta, Seite 36
- Gemischter Salat mit Sesamdressing, Seite 118
- Misosuppe mit Wakame-Seetang und Kartoffeln, Seite 22
- Reis, Seite 54

**Abendessen:** Ein typisches Abendessen besteht aus Reis, Miso Shiru oder einer anderen Suppe, Pickles, einem Fleisch- oder Fischgericht und vielleicht einer kleinen Beilage. Auch nichtjapanische Speisen können integriert werden; die italienische, chinesische und koreanische Küche sind besonders beliebt. Die meisten Japaner können Speisen aus allen diesen Ländern zubereiten. Ich glaube sogar, dass Japaner die vielseitigsten und einfallsreichsten Köche der Welt sind, da sie eine solche Menge an Rezepten beherrschen.

**Abendmenü 1** (Bild rechts)
- Ingwer-Schweinefleisch, Seite 62
- Misosuppe, Seite 20
- Japanische Pickles, Seite 126
- Reis mit grünen Erbsen, Seite 48

**Abendmenü 2**
- Aubergine auf Dengaku-Art, Seite 125
- Klare Suppe mit Frühlingsgemüse-Julienne, Seite 30
- Japanische Pickles, Seite 126
- Meerbrasse auf Reis, Seite 51

**Abendmenü 3**
- Gegrillte aromatische Makrele, Seite 97
- Misosuppe mit Aubergine, Seite 21
- Sukiyaki-Donburi, Seite 52

## Feste und Feiern

Wir lieben es zu feiern. Das Jahr in Japan teilt sich nicht nur in die vier Jahreszeiten ein, sondern wird auch von 16 nationalen Feiertagen und vielen anderen besonderen Anlässen geprägt. Neben gesetzlichen Festen wie dem Tag des Kindes (Kodomo no hi, 5. Mai), Neujahr und dem Tag der Achtung vor den Älteren (Keiro no hi, 15. September) feiern wir Naturereignisse wie die Kirschblüte oder das Herbstlaub. Bei mir kommen außerdem Muttertag, Vatertag, Geburtstage und Hochzeitstage dazu. Nicht jeder feiert alle Feste, aber sie gehören zu meinem Land und seiner Ess- und Trinkkultur.

Der Neujahrstag am 1. Januar ist das wichtigste Fest in Japan, an dem am meisten gefeiert wird. Bei mir ist in dieser Zeit sehr viel los. Wie alle Familien putzen wir unser Haus von oben bis unten, damit es frisch und sauber ist für das kommende Jahr. Wir möchten auch die drei freien Tage um Neujahr herum in Ruhe genießen, deswegen besorgen wir Vorräte und bereiten das traditionelle Neujahrsessen (das Osechi Ryori heißt) im Voraus zu.

Diese Neujahrsspeisen haben alle einen recht kräftigen Geschmack oder sind sehr süß, dadurch halten sie sich, und ein paar Tage muss niemand kochen. Ich habe in dieser Zeit viel Besuch, und obwohl ich kaum koche, habe ich immer zu tun – aber es macht mir Spaß.

Als meine Kinder noch jünger waren, haben wir viele traditionelle japanische Feste mit ihnen gefeiert. Ganz besonders mochte ich den Mädchentag am 3. März. Generationen japanischer Frauen haben als Kinder die Puppen aufgestellt, die den japanischen Kaiserhof darstellen, mit dem kaiserlichen Paar auf der obersten Stufe. Die Familie feiert dann mit einem Festmahl ihre eigene »Prinzessin«. Auch für Jungen gibt es ein Fest, an dem statt Puppen Nachbildungen von Samurai-Helmen und -Schwertern aufgebaut werden.

Nun, da die Kinder größer sind, feiern wir nur noch ein paar besondere Feste mit der Familie. Neben Neujahr sind mir der Valentinstag und Weihnachten wichtig. Am Valentinstag beschenken Frauen ihre Männer (verheiratet oder nicht) mit Schokolade. Die Herren der Schöpfung dürfen sich einen Monat später am sogenannten White Day revanchieren. Ich backe zum Beispiel für diesen Anlass einen Schokoladenkuchen in Herzform.

Viele Japaner gehen an Weihnachten als Paar aus. Praktisch alle Hotels und Restaurants bieten Weihnachts-Specials. In meiner Familie dagegen feiern wir Weihnachten zu Hause. Reiji, mein Mann, mag Truthahnbraten, und wir machen ihn oft, aber manchmal ist mir nach etwas anderem zumute – etwa dem oben abgebildeten Schweinebraten, zu dem es dann gemischten Reis mit Paprika und Krebsfleisch (Seite 46) und sautierte Bohnensprossen mit Pak choi (Seite 115) gibt. Das mag in westlichen Ländern nicht üblich sein, aber es ist ein fantastisches, ganz besonderes Weihnachtsessen für die Familie.

In meiner Familie kocht jeder, und wir laden gerne Gäste ein. Grillfeste sind beliebt. Auch als wir in einer winzigen Wohnung mit Mini-Garten lebten, haben wir gegrillt. Mein Mann hat sogar die Gartenmöbel geschreinert – das beeindruckt mich immer noch.

Ich hoffe, dass Sie viele meiner Rezepte ausprobieren und dabei die Prinzipien von Vielfalt und Portionsgröße, Ästhetik und Frische beachten. Ich habe angegeben, welche Speisen sich gut mit anderen kombinieren lassen, aber Sie werden sicher Ihren eigenen Stil entwickeln. Haben Sie Zutrauen zu sich selbst – es ist nicht so schwierig, wie Sie vielleicht denken.

# Glossar

Wenn Sie in einem Restaurant auf Japanisch bestellen wollen – die Aussprache ist recht einfach und ähnlich wie im Deutschen, nur einige Konsonanten spricht man wie im Englischen: »ch« ist »tsch«, »sh« ist »sch«, »s« ist immer stimmlos und »z« wird als stimmhaftes »s« gesprochen.

**Adzuki-Bohnen** siehe Seite 133.

**Ao-nori** Getrockneter, fein gehackter Nori-Seetang, wird gern auf Okonomiyaki und Yaki-soba gestreut, siehe Seite 69.

**Bainiku** Paste aus Umeboshi, siehe dort und Seite 104.

**Beni Shoga** Dünne rote Streifen von eingelegtem Ingwer.

**Benitade** siehe Seite 93.

**Chinesische Suppenpaste** Vielseitiges Suppenkonzentrat, das wie eine Mischung aus Hühner- und Rinderbrühe schmeckt, siehe Seite 30.

**Daikon** Japanischer weißer Rettich; kann durch milden europäischen Rettich ersetzt werden.

**Dashi** Aus Kombu-Seetang und Fischflocken (Katsuo bushi) hergestellter Fischfond; Basis vieler japanischer Gerichte. Grundrezept Seite 20, Instant-Dashi siehe Seite 21.

**Edamame-Bohnen** siehe Seite 40.

**Enoki-Pilze** siehe Seite 52.

**Furikake** siehe Seite 47.

**Harusame-Nudeln** Sehr dünne Glasnudeln aus Mungobohnen-, Süßkartoffel- oder Kartoffelstärke. Der Name bedeutet »Frühlingsregen«.

**Hacho Miso** siehe Seite 125.

**Hojiso** siehe Seite 93.

**Ikura** Lachskaviar, siehe Seite 47.

**Kabosu** Eine japanische grüne Zitrusfrucht.

**Kamaboko** In kleinen Laiben verkaufte, relativ feste milde Fischpastete aus unterschiedlichem Fisch, siehe Seite 56.

**Katakuriko** Kartoffelstärke; kann durch Speisestärke ersetzt werden (dann die Menge etwas erhöhen).

**Katsuo Bushi** Geräucherter und getrockneter Bonito (eine kleine Thunfischart), der für den Gebrauch in der Küche zu sehr feinen Flocken verarbeitet wird. Viel verwendet, unverzichtbar als Grundzutat der Dashi-Brühe. Siehe Seite 56.

**Kikurage** Der auf Deutsch als Judasohr oder Holunderschwamm bekannte Baumpilz wird vor allem wegen seiner gallertartigen Konsistenz in der Küche verwendet. Im Asienladen als chinesische Morchel erhältlich.

**Kinome** Zarte Blätter der stacheligen Esche (siehe auch Sansho-Pfeffer), die als Garnierung verwendet werden. Im Aussehen kommt als Alternative Brunnenkresse in Betracht, geschmacklich eher fein gehackte Frühlingszwiebeln.

**Klettenwurzel** Gobo, in Japan ein Gemüse ähnlich wie Schwarzwurzeln. Gibt es tiefgefroren, manchmal auch frisch im japanischen Spezialitätengeschäft. Siehe Seite 106.

**Kochujan** Eine pikante koreanische Miso-Paste, siehe Seite 97.

**Komatsuma** Auf Deutsch Senfspinat.

**Konnyaku** Eine geleeartige Paste, die aus Yamswurzel gewonnen wird. Wird in Blöcken oder Fäden angeboten.

**Kombu** Eine Seetangart, Zutat für Dashi und verschiedene andere Gerichte.

**La Yu** Chiliöl, hauptsächlich für Gerichte chinesischen Ursprungs wie Gyoza verwendet.

**Mentsuyu** Eine Dip-Sauce, normalerweise aus Dashi, Sojasauce, Salz und Zucker zubereitet.

**Mirin** Süßer Reiswein, der nur zum Kochen verwendet wird; eine wichtige Zutat in der japanischen Küche, um Speisen zart zu machen, zu süßen und Salzigkeit auszugleichen.

**Miso** Reichhaltige, geschmacksintensive Paste, die aus fermentierten Sojabohnen, Salz und Getreide (normalerweise Reis oder Gerste) hergestellt wird und sich jahrelang hält. Man verwendet es für viele Gerichte, und in Misosuppe ist es die Hauptzutat. Rotes Miso (Akamiso) ist mittelbraun, proteinreich und sehr salzhaltig; das weiße Miso (Shiromiso) ist milder und eignet sich auch für Dressings. Die Mischung aus beiden Sorten heißt Awase Miso und kann vielseitig eingesetzt werden.

**Mitsuba** Das Kraut mit dem botanischen Namen *Cryptotaenia japonica* ähnelt im Aussehen glatter Petersilie, schmeckt aber aromatischer und mehr nach Sellerie. Man darf es nicht zu stark erhitzen, sonst wird es bitter. In Gartencentern findet man manchmal Samen zum Selberziehen. Petersilie ist ein akzeptabler Ersatz. Manchmal eignet sich auch Koriandergrün.

**Myoga** Die aromatische Knospe des Mioga-Ingwers, *Zingiber mioga*. Im Asia-Laden gelegentlich in eingelegter Form oder sogar frisch erhältlich, aber sehr teuer. Manchmal findet man in Gartencentern Samen zum Selberziehen. Ingwer ist kein Ersatz, eher Schalotten oder Frühlingszwiebeln.

**Nameko** Kleiner japanischer Speisepilz mit gelatineartigem Überzug, auf Deutsch Stockschwämmchen. In Dosen erhältlich.

**Nira** Der Schnittknoblauch oder Chinalauch hat einen starken Geruch und schmeckt sehr intensiv, siehe Seite 71.

**Nori** Papierdünner, trockener Seetang, am bekanntesten als Hülle für Sushi-Rollen.

**Pak choi** Chinesischer Senfkohl, ein Blattgemüse. Im Asia-Laden erhältlich.

**Panko** Japanische Brotflocken zum Panieren (im Asienladen heißen sie auch Breadcrumbs), flockiger als unsere Semmelbrösel und Paniermehl.

**Pilze** In Japan gibt es eine große Vielfalt an Pilzen, von denen viele im Westen nicht vorkommen. Der sehr häufig verwendete Shiitake allerdings wird auch hierzulande kultiviert und ist frisch erhältlich. Andere – Maitake, Shimeji, Eringi usw. – dürften höchstens in getrockneter Form zu finden sein. Als wertvollster Speisepilz Japans gilt der hocharomatische Matsutake.

**Ponzu-Sojasauce** Eine Dip-Sauce, zubereitet aus Sojasauce und dem Saft einer Zitrusfrucht wie Sudachi oder Yuzu (heutzutage auch Zitrone oder Limette).

**Reis (Kome)** Der wissenschaftliche Name für japanischen Reis ist *Oryza sativa japonica*. Er ist rundkörnig und klebrig und kann deswegen gut mit Stäbchen gegessen werden.

**Reisessig** Ein in der japanischen Küche häufig verwendeter säurearmer und milder Essig.

**Saikyo Miso** siehe Seite 123.

**Sake** Japanischer Reiswein. Schmeckt ähnlich wie ein sehr trockener Sherry und wird heiß oder kalt getrunken.

**Sansho-Pfeffer** Die gemahlenen Früchte der Stachelesche haben ein würziges Aroma mit einem Hauch von Zitrus. Der eng verwandte Sichuan-Pfeffer ist ein brauchbarer Ersatz. Siehe Seite 41.

**Sesamöl** Das Öl aus gerösteten Sesamsamen besitzt ein intensives Aroma und wird in sehr kleinen Mengen verwendet.

**Sesampaste** Die reichhaltige japanische Sesampaste wird aus gerösteten Sesamsamen hergestellt.

**Sesamsamen** In der japanischen Küche verwendet man vor allem angeröstete schwarze und weiße Sesamsamen.

**Shichimi Togarashi** Eine häufig verwendete Mischung aus sieben Gewürzen, auf Chilibasis. Siehe Seite 24.

**Shirataki-Nudeln** Dünne Nudeln aus Konnyaku (siehe dort), oft in Sukiyaki verwendet. Siehe Seite 52.

**Shiratama-ko** Reismehl aus Klebreis; gröber als gewöhnliches Mehl, siehe Seite 133.

**Shiso** Die auch Perilla (in Japan auch Oba) genannte Pflanze ist mit der Minze verwandt; ihr Aroma ähnelt einer Mischung aus Minze und Basilikum. Die Blätter ähneln denen von Nesseln. Shiso dient zum Garnieren von Sashimi oder wird gehackt mit Reis oder in Salaten gegessen.

**Shochu** Ein farbloser Schnaps, der aus Kartoffeln, Gerste oder Hirse gebrannt wird.

**Shokoshu** Chinesischer Reiswein; stärker als Sake und mit einem feinen kräuterwürzigen Unterton. Trockener Sherry ist ein brauchbarer Ersatz. Siehe Seite 29.

**Shungiku** Die essbaren Blätter der Salatchrysantheme, siehe Seite 52. In Gartencentern findet man manchmal Samen zum Selberziehen.

**Sojasauce** Einer der Grundpfeiler der japanischen Küche; wird aus Sojabohnen, Weizen und Salz hergestellt. Die »normale« japanische Sojasauce (Koikuchi = »starker Geschmack«) ist weltweit erhältlich. Eine dünnere Variante (Usukuchi = »leichter Geschmack«), die zwar leichter, aber auch salziger ist, wird verwendet, wenn das Gericht nicht dunkel gefärbt werden soll. Siehe Seite 109.

**Sudachi** Kleine, blassgelbe Zitrusfrucht, siehe Seite 108.

**Tarako** Kabeljaurogen, siehe Seite 109.

**Tempura-ko** Mehl für Tempura, siehe Seite 112.

**To Ban Jan** Chinesische Chilipaste, als Ersatz geht auch Sambal.

**Tofu** Fettarmer, proteinreicher »Quark« aus geronnener Sojamilch. Frischer Tofu wird in zwei Hauptarten angeboten: Seidentofu (Kinu-goshidofu) fällt leicht auseinander und schmeckt am besten nur mit Sojasauce und geriebenem Ingwer, macht sich aber auch gut in Dips und Dressings. Der gepresste feste Baumwolltofu (Momendofu) eignet sich vor allem zum Braten.

**Udo** Eines der wenigen nur in Japan heimischen Gemüse mit charakteristischem Aroma und Geschmack. Besonders gut im Frühling. Als Ersatz bietet sich weißer Spargel oder Staudensellerie an.

**Umeboshi** Salzig eingelegte Frucht, wird meist als »eingelegte Pflaume« bezeichnet, ist aber eigentlich eine Aprikose. Es gibt eine kleine, harte und eine große, weiche Variante. Siehe Seite 105.

**Wakame** Eine mild und delikat schmeckende Seetangart, die gern in Miso-Suppe und Salaten serviert wird. Ist im Asia-Laden in getrockneter Form erhältlich und muss vor der Verwendung kurz in Wasser eingeweicht werden.

**Wakegi** Ein Zwiebelgewächs, vor allem im Frühling sehr verbreitet, siehe Seite 92.

**Wasabi** Die geriebene Wurzel des japanischen Meerrettichs. Die extrem scharfe grüne Paste wird vor allem zu Sashimi und Sushi serviert. Im Asia-Laden in der Tube oder als Pulver zum Anrühren mit Wasser erhältlich.

**Yuzu** Eine japanische Zitrusfrucht, der Limette ähnlich, die in vielen traditionellen japanischen Rezepten verwendet wird. Hier bekommt man die getrocknete Schale. Siehe Seite 108.

**Zha Chai** Chinesisches eingelegtes Gemüse, grün und knackig. Es ist sehr salzig und muss vor dem Gebrauch abgespült werden. Mitgegart verleiht es Gerichten einen volleren Geschmack.

# Zutatenregister

**Äpfel**
Apfel-Radieschen-Salat mit Miso-Mayonnaise 123
**Auberginen**
Miso-Suppe mit Aubergine 21
Aubergine auf Dengaku-Art 125
Auberginengratin mit Tofu und Miso-Sauce 38
Salat aus Auberginen und Harusame-Nudeln 117
**Avocado**
Kleines Donburi mit Thunfisch und Avocado 44
**Azuki-Bohnen**
Reisklößchen mit Mangosauce 133
**Balsamico-Essig**
Hähnchenfleisch mit Soja-Balsamico-Dressing 74
**Bohnen**
Hähnchensalat mit grünen Bohnen 73
Tofu mit Edamame-Bohnen und Pickles 40
**Bohnensprossen**
Ingwer-Schweinefleisch 62
Sautierte Bohnensprossen mit Pak choi 115
**Chilischoten**
Riesengarnelen in Chilisauce 98
**Edamame-Bohnen**
Tofu mit Edamame-Bohnen und Pickles 40
**Eier**
Gedämpfter Eierstich mit Pilzen 26
Mini-Omelett auf japanische Art 32
Süße Eier-Rolle 34
**Erbsen**
Reis mit grünen Erbsen 48
**Fischfilet**
Meerbrasse auf Reis 51
Pochierte Rotbrasse 106
Sashimi 91
Top Sushi 94
**Frischkäse**
Harumis Käsekuchen 132
**Frühlingszwiebeln**
Frittiertes Hähnchen mit Frühlingszwiebelsauce 84
Zwei Arten Mini-Tempura 112
**Garnelen**
Riesengarnelen in Chilisauce 98
Zwei Arten Mini-Tempura 112
**Grüner Tee**
Grüntee-Eis 137
Japanisches Risotto mit grünem Tee 54
**Gurke**
Japanische Pickles 126
Japanischer Kartoffelsalat 120
**Hähnchen**
Donburi mit Hähnchenhackfleisch 53
Frittiertes Hähnchen mit Frühlingszwiebelsauce 84
Geflügelhäppchen in Sesamhülle 78
Hähnchen Pari Pari 72
Hähnchenfleisch mit Soja-Balsamico-Dressing 74
Hähnchensalat mit grünen Bohnen 73
Hähnchenspieße 68
Teriyaki-Hähnchen 81
**Ingwer**
Ingwer-Schweinefleisch 62
Japanische Pickles 126
Salat mit Ingwer-Schweinefleisch 63
Teigtaschen auf chinesische Art 70
**Kartoffeln**
Misosuppe mit Schweinefleisch 24
Japanischer Kartoffelsalat 120
Kartoffel-Fleisch-Eintopf 85
Klare Suppe mit Frühlingsgemüse-Julienne 30
Misosuppe mit Wakame-Seetang und Kartoffeln 22
Rindfleisch-Kartoffel-Kroketten 86
**Klettenwurzel**
Pochierte Rotbrasse 106
Zwei Arten Mini-Tempura 112
**Kohl**
Hähnchenfleisch mit Soja-Balsamico-Dressing 74
Japanische Pickles 126
Teigtaschen auf chinesische Art 70
Warmer Kohlsalat 122
**Kokosmilch**
Gebackene Papaya mit Kokosmilch 134
Reisklößchen mit Mangosauce 133
**Krebsfleisch**
Gemischter Reis mit Paprika und Krebsfleisch 46
Mini-Omelett auf japanische Art 32
**Kuchen**
Harumis Käsekuchen 132
Weißer Schokoladenkuchen 130
**Lachs**
Gegrillter Lachs im Yuan-Stil 108
Reis mit Lachskaviar und -flocken 47
**Makrele**
Eingelegte Makrele auf japanische Art 101
Gegrillte aromatische Makrele 97
Makrelenflocken mit Gemüse 102
**Mango**
Reisklößchen mit Mangosauce 133
**Mayonnaise**
Apfel-Radieschen-Salat mit Miso-Mayonnaise 123
Japanischer Kartoffelsalat 120
Kurzgebratenes Steak mit zwei japanischen Dressings 82
Reisbälle 144
**Miso**
Apfel-Radieschen-Salat mit Miso-Mayonnaise 123
Aubergine auf Dengaku-Art 125
Auberginengratin mit Tofu und Miso-Sauce 38
Misosuppe mit Aubergine 21
Misosuppe mit Schweinefleisch 24
Misosuppe mit Tofu und Wakame-Seetang 20
Misosuppe mit Wakame-Seetang und Kartoffeln 22
Möhren-Miso-Suppe 25
Thunfisch-Sashimi in Misodressing 92
**Möhren**
Japanische Pickles 126
Japanischer Kartoffelsalat 120
Klare Suppe mit Frühlingsgemüse-Julienne 30
Makrelenflocken mit Gemüse 102
Möhren-Miso-Suppe 25
Rettich und Möhren mit koreanischem Dressing 114
Zwei Arten Mini-Tempura 112
**Nudeln**
Harumis Soba Chirashi 56
Kabeljaurogen mit Nudeln 109
Kalte Nudeln mit Schweinefleisch 55
Salat aus Auberginen und Harusame-Nudeln 117
Selbstgemachte Udon 58
Sukiyaki-Donburi 52
**Pak choi**
Sautierte Bohnensprossen mit Pak choi 115
**Papaya**
Gebackene Papaya mit Kokosmilch 134
**Paprikaschoten**
Gemischter Reis mit Paprika und Krebsfleisch 46
**Pilze**
Donburi mit Hähnchenhackfleisch 53
Gedämpfter Eierstich mit Pilzen 26
Makrelenflocken mit Gemüse 102
Sukiyaki-Donburi 52
**Radieschen**
Apfel-Radieschen-Salat mit Miso-Mayonnaise 123
**Reis**
Donburi mit Hähnchenhackfleisch 53
Gemischter Reis mit Paprika und Krebsfleisch 46
Japanisches Risotto mit grünem Tee 54
Kleines Donburi mit Thunfisch und Avocado 44
Makrelenflocken mit Gemüse auf Reis 103
Meerbrasse auf Reis 51
Mini-Omelett auf japanische Art 32
Reis mit grünen Erbsen 48
Reis mit Lachskaviar und -flocken 47
Reisbälle 144
Sukiyaki-Donburi 52
Top Sushi 94
**Rettich**
Rettich und Möhren mit koreanischem Dressing 114
**Ricotta**
Tofu mit Ricotta 36
**Rindfleisch**
Kartoffel-Fleisch-Eintopf 85
Kurzgebratenes Steak mit zwei japanischen Dressings 82
Reisbälle 144
Rindfleisch-Kartoffel-Kroketten 86
Sukiyaki-Donburi 52
Teriyaki-Hamburger 76
Tofu mit würzigem Rindfleisch 41
Top Sushi 94
**Rogen**
Reis mit Lachskaviar und Lachsflocken 47
Kabeljaurogen mit Nudeln 109
**Salat**
Gemischter Salat mit Sesamdressing 118
Kalmarsalat auf japanische Art 99
Salat mit Ingwer-Schweinefleisch 63
**Sardinen**
Sardinen mit eingelegten Pflaumen 105
**Schokolade**
Weißer Schokoladenkuchen 130
**Schweinefleisch**
Ingwer-Schweinefleisch 62
Kalte Nudeln mit Schweinefleisch 55
Klare Suppe mit Wan Tan, gefüllt mit Schweinefleisch und Spinat 28
Misosuppe mit Schweinefleisch 24
Paniertes Schweinefleisch 66
Salat mit Ingwer-Schweinefleisch 63
Schweinefleisch mit aromatischem Gemüse 64
Teigtaschen auf chinesische Art 70
Teriyaki-Hamburger 76
**Sesam**
Geflügelhäppchen in Sesamhülle 78
Gemischter Salat mit Sesamdressing 118
**Spinat**
Klare Suppe mit Wan Tan, gefüllt mit Schweinefleisch und Spinat 28
**Thunfisch**
Harumis Thunfisch-Tataki-Salat 93
Kleines Donburi mit Thunfisch und Avocado 44
Reisbälle 144
Thunfisch-Sashimi in Misodressing 92
**Tintenfisch**
Kalmarsalat auf japanische Art 99
Tintenfisch-Appetizer auf japanische Art 104
**Tofu**
Auberginengratin mit Tofu und Miso-Sauce 38
Misosuppe mit Schweinefleisch 24
Misosuppe mit Tofu und Wakame-Seetang 20
Tofu mit Edamame-Bohnen und Pickles 40
Tofu mit Ricotta 36
Tofu mit würzigem Rindfleisch 41
**Udo**
Klare Suppe mit Frühlingsgemüse-Julienne 30
**Umeboshi**
Sardinen mit eingelegten Pflaumen 105
Tintenfisch-Appetizer auf japanische Art 104
**Wakame**
Misosuppe mit Tofu und Wakame-Seetang 20
Misosuppe mit Wakame-Seetang und Kartoffeln 22
**Zwiebeln**
Kartoffel-Fleisch-Eintopf 85
Makrelenflocken mit Gemüse 102
Rindfleisch-Kartoffel-Kroketten 86
Teriyaki-Hamburger 76